Modelagem de organizações públicas

COLEÇÃO PRÁTICAS DE GESTÃO

Série
Gestão pública

Modelagem de organizações públicas

Victor Paradela | Marília Maragão Costa

Copyright © 2013 Victor Cláudio Paradela Ferreira e Marília Maragão Costa

Direitos desta edição reservados à
Editora FGV
Rua Jornalista Orlando Dantas, 37
22231-010 | Rio de Janeiro, RJ | Brasil
Tels.: 0800-021-7777 | 21-3799-4427
Fax: 21-3799-4430
editora@fgv.br | pedidoseditora@fgv.br
www.fgv.br/editora

Impresso no Brasil | *Printed in Brazil*

Todos os direitos reservados. A reprodução não autorizada desta publicação, no todo ou em parte, constitui violação do copyright (Lei nº 9.610/98).

Os conceitos emitidos neste livro são de inteira responsabilidade do(s) autor(es).

Revisão de originais: Sandra Frank
Projeto gráfico: Flavio Peralta
Diagramação: Ilustrarte Design e Produção Editorial
Revisão: Fatima Caroni e Fernanda Mello
Capa: aspecto:design
Imagem da capa: © Yuri Arcurs | Dreamstime.com

Ficha catalográfica elaborada pela
Biblioteca Mario Henrique Simonsen/FGV

Paradela, Victor.
    Modelagem de organizações públicas / Victor Paradela e Marília Maragão Costa. – Rio de Janeiro : Editora FGV, 2013.
    112 p. – (Práticas de gestão. Série Gestão pública)

    Inclui bibliografia.
    ISBN: 978-85-225-1347-5

    1. Modelos em organização. 2. Administração pública. I. Paradela, Victor. II. Costa, Marília Maragão da. III. Fundação Getulio Vargas. IV. Título. V. Série.

CDD – 351

Sumário

Apresentação 7

Capítulo 1. Natureza das organizações e importância da modelagem organizacional 9

Contexto das organizações 9
Desafios da sociedade atual 24
Transparência e prestação de contas 31

Capítulo 2. Abordagens do pensamento administrativo: os modelos básicos de gestão 35

Abordagem mecânica: a perspectiva clássica da administração 35
Modelo burocrático: seus princípios e disfunções 42
Adhocracia, modelo holográfico e flexibilidade organizacional 49
Flexibilidade organizacional 55

Capítulo 3. Visão sistêmica e modelagem de processos de trabalho 59

Visão sistêmica 59
Mapeamento de processos de trabalho 66
Redesenho e melhorias de processos 74

Capítulo 4. Fundamentos organizacionais da administração pública brasileira 79

Administração pública gerencial 79
O modelo societal de gestão pública 95
Desafios para o setor público brasileiro 101

Bibliografia 105

Sobre os autores 109

Apresentação

A Fundação Getulio Vargas (FGV) foi fundada em 1944 com o objetivo de contribuir para o desenvolvimento do Brasil, por meio da criação e da difusão de técnicas e ferramentas de gestão. Em sintonia com esse objetivo, em 1952 a FGV, comprometida com a mudança nos padrões administrativos do setor público, criou a Escola Brasileira de Administração Pública (Ebap). Em seus mais de 60 anos de atuação, a Ebap desenvolveu competências também na área de administração de empresas, o que fez com que seu nome mudasse para Escola Brasileira de Administração Pública e de Empresas (Ebape).

A partir de 1990, a FGV se especializou na educação continuada de executivos, consolidando-se como líder no mercado de formação gerencial no país, tanto em termos de qualidade quanto em abrangência geográfica dos serviços prestados. Ao se fazer presente em mais de 100 cidades no Brasil, por meio do Instituto de Desenvolvimento Educacional (IDE), a FGV se tornou um relevante canal de difusão de conhecimentos, com papel marcante no desenvolvimento nacional.

Nesse contexto, a Ebape, centro de excelência na produção de conhecimentos na área de administração, em parceria com o programa de educação a distância da FGV (FGV Online) tem possibilitado que o conhecimento chegue aos mais distantes lugares, atendendo à sociedade, a executivos e a empreendedores, assim como a universidades corporativas, com projetos que envolvem diversas soluções de educação para essa modalidade de ensino, de *e-learning* à TV via satélite.

A Ebape, em 2007, inovou mais uma vez ao ofertar o primeiro curso de graduação a distância da FGV, o Curso Superior em Tecnologia em Processos Gerenciais, o qual, em 2011, obteve o selo CEL (teChnology-Enhanced Learning Accreditation) da European Foundation for Management Development (EFMD), certificação internacional baseada em uma série de indicadores de qualidade. Hoje, esse é o único curso de graduação a distância no mundo a ter sido certificado pela EFMD-CEL. Em 2012, o portfólio de cursos Superiores de Tecnologia a distância diplomados pela Ebape aumentou significativamente, incluindo áreas como gestão comercial, gestão financeira, gestão pública e marketing.

Cientes da relevância dos materiais e dos recursos multimídia para esses cursos, a Ebape e o FGV Online desenvolveram os livros que compõem a Coleção Práticas de Gestão com o objetivo de oferecer ao estudante – e a outros possíveis leitores – conteúdos de qualidade na área de administração. A coleção foi elaborada com a consciência de que seus volumes ajudarão o leitor a responder, com mais segurança, às mudanças tecnológicas e sociais de nosso tempo, bem como às suas necessidades e expectativas profissionais.

Flavio Carvalho de Vasconcelos
FGV/Ebape
Diretor

www.fgv.br/ebape

Capítulo 1

Natureza das organizações e importância da modelagem organizacional

Neste primeiro capítulo, estudaremos o conceito de organizações, suas características e desafios, ressaltando as formas como a gestão organizacional deve atuar para favorecer o equilíbrio e o alcance de seus objetivos. Veremos, ainda, alguns critérios básicos para avaliação da performance organizacional e analisaremos as principais tendências e as mudanças mais importantes que ocorrem na sociedade atual, chamada de "pós-industrial". Para finalizar, destacaremos uma das características diferenciadoras da ambiência social contemporânea que impacta diretamente a gestão pública: a crescente exigência de responsabilização, transparência e prestação de contas, posturas que os gestores precisam observar.

Contexto das organizações

Vivemos em uma sociedade fortemente dependente das organizações – sejam elas, públicas, privadas ou do terceiro setor, agrícolas, industriais, comerciais ou de serviços. Gerenciar de forma eficaz as organizações significa, portanto, uma importante missão, pois quanto mais elas forem eficientes e eficazes, melhores serão as condições de vida dos indivíduos, tanto em termos individuais quanto no que tange à sociedade como um todo.

No caso específico das organizações públicas, a importância da boa gestão é ainda maior. Enquanto as empresas privadas possuem um número limitado de clientes, que são mais diretamente atingidos por sua ação, as organizações públicas impactam a sociedade como um todo. Gerenciá-las de modo adequado é uma missão que merece, portanto, total atenção da parte de seus dirigentes e colaboradores e que depende, entre outros fatores, da adoção de um correto modelo de gestão.

A definição do modelo de gestão e sua implantação na organização representa a chamada modelagem organizacional, objeto de estudo desta disciplina. Duas dimensões fundamentais estão inseridas no conceito de modelagem: a estrutura e os processos de trabalho. As definições relacionadas a tais dimensões conferem à organização uma identidade própria, influenciando fortemente todas as suas atividades, bem como sua capacidade de alcançar os resultados a que se propõe.

Não se trata apenas de escolher os métodos ou as formas de estruturação, já que, por trás, têm-se as perspectivas adotadas pelos gestores. Diferentes entendimentos sobre a natureza das organizações e as melhores formas de abordar seus desafios cotidianos deram lugar a distintas abordagens do pensamento administrativo – das mais tradicionais, refletidas, por exemplo, no modelo burocrático, a formas mais flexíveis de estruturação, como a *adhocracia*.

MODELO BUROCRÁTICO

Forma de governo dos anos 1930 que reformulou o conceito de Estado. Tal conceito baseava-se na ideologia de que o poder, antes exercido pelo imperador para atender a seus próprios interesses, passaria a ser exercido por várias pessoas, com a divisão do trabalho, atendendo à população. O modelo visava à impessoalidade do serviço, ao formalismo, à hierarquia de funções, à ocupação dos cargos públicos por mérito e ao controle dos meios adotados pelo administrador público, uma vez que seu objetivo maior, em princípio, era de frear a corrupção do sistema governamental anterior.

ADHOCRACIA

Sistema que adota uma estrutura orgânica, com pouca formalização e grande especialização horizontal do trabalho. Tende a agrupar especialistas em unidades funcionais, com desdobramentos em equipes de projetos. A inovação é sua principal característica, pelo que evita as armadilhas da estrutura burocrática, portanto, sem apoio na padronização como mecanismo de coordenação. O processo de formação de estratégia não é claramente localizado, nem na cúpula nem na base da organização – as estratégias são formuladas tanto conscientemente pelos indivíduos quanto pelas decisões tomadas, uma de cada vez. Dessa forma, as estratégias nunca se estabilizam, pois se alteram com as mudanças de projetos. Nessa configuração, o ambiente tanto é complexo quanto dinâmico. Organizações que adotam essa configuração são jovens.

Em uma definição simplificada, as organizações são vistas como entidades criadas para atender às necessidades da sociedade, constituindo-se em sistemas voltados para o alcance de determinados objetivos. As características principais de uma organização são:

- definição de objetivos comuns a serem atingidos por todos os seus membros;

- existência de normas que regulam seu funcionamento;
- divisão de trabalho e responsabilidades;
- coordenação das ações por um sistema de planejamento que busca garantir a coerência entre as mesmas e sua fidelidade aos objetivos comuns.

A administração é a ciência que tem como objeto de estudo o funcionamento das organizações, contribuindo para torná-las mais eficazes. Assim, os fenômenos organizacionais devem ser estudados de modo a propor meios de otimização do desempenho, facilitando o alcance dos objetivos e tornando a convivência entre os membros e as atividades e os processos desenvolvidos mais harmônicos e produtivos.

A definição da modelagem organizacional aqui adotada se dá em decorrência da forma como os fenômenos administrativos são compreendidos. Para tanto, Souza e Ferreira (2006) destacam quatro importantes missões que precisam ser cumpridas pelos modelos de gestão organizacional: manter a organização integrada com a sociedade, disseminar os objetivos organizacionais, definir estruturas e processos de trabalho e adotar um adequado conjunto de princípios e normas. Tais missões estão detalhadas a seguir.

Integração da organização com a sociedade

Cada organização tem uma missão a cumprir na sociedade. Mesmo as empresas que visam ao lucro, só vão alcançá-lo se souberem se posicionar corretamente como prestadoras de serviços ou fornecedoras de produtos úteis e necessários à sociedade e se o fizerem de forma competitiva. Na área pública, essa característica é ainda mais evidente, tendo em vista que as organizações desse setor são constituídas, fundamentalmente, para cumprir uma missão social. Drucker (1994) destaca, com muita propriedade, a necessidade de se "colocar o mundo dentro da organização". No seu entendimento, há uma falsa premissa de que o principal trabalho dos dirigentes é gerir a organização. Essa premissa leva à desconsideração de alguns dos principais fatores para o sucesso de uma organização. Na verdade, as forças que exercem maior influência sobre esse sucesso estão do lado de fora, e não sob o controle dos gestores.

Faz-se necessário que se busque uma profunda interação entre a organização e a sociedade, considerando-se as necessidades da população atendida, a conjuntura econômica, a ação política, os movimentos de entidades sociais, como associações de moradores, sindicatos e ONGs, entre outros fatores. Os arranjos internos e as definições de estruturas e processos de trabalho que serão adotados precisam moldar-se a tais influências, evitando-se a adoção de posturas corporativistas, as quais representam uma grave disfunção organizacional.

> **PETER DRUCKER**
>
> Considerado o "pai da administração moderna", publicou várias obras sobre gestão organizacional que influenciaram fortemente a construção das teorias administrativas contemporâneas. Escreveu o primeiro livro, *Concept of the corporation* (1946), baseado em seus estudos sobre a General Motors. Contudo, foi em *The pratice of management* (1954) que lançou as bases da gestão como disciplina.
> Drucker dividiu o trabalho dos gestores em seis tarefas – definir objetivos, organizar, comunicar, controlar, formar e motivar pessoas. Além de cunhar ideias como as da privatização, do cliente em primeiro lugar, do papel do líder, da descentralização, da era da informação, da era do conhecimento e da gestão por objetivos, lançou o profético livro *The age of discontinuity* (1969), no qual anunciou a chegada dos trabalhadores do conhecimento.
> Nos últimos anos de sua vida, dedicou-se especialmente ao estudo da gestão de organizações sem fins lucrativos.

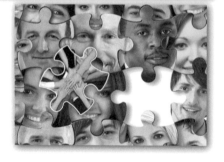

A gestão corporativista caracteriza-se pela priorização dos interesses internos da corporação, em detrimento da atenção às expectativas e necessidades dos seus diferentes públicos. Os modelos de gestão precisam incorporar essa preocupação, que deve ser exercida sobre as políticas e práticas de gestão de pessoas. As diretrizes e políticas de pessoal, como os programas de treinamento e educação corporativa, devem favorecer a consolidação de uma mentalidade favorável à orientação externa por parte dos colaboradores. O corporativismo representa uma disfunção a ser combatida.

A incorporação das necessidades e expectativas da sociedade vai influenciar diretamente a definição dos objetivos organizacionais. A existência de objetivos comuns aos colaboradores da organização é uma das características fundamentais de qualquer organização. Não basta, todavia, definir objetivos adequados. É preciso garantir que sejam, de fato, incorporados pelos gestores e colaboradores, devendo sua busca refletir-se no dia a dia da organização.

Disseminação dos objetivos organizacionais

As organizações que não conseguem focar corretamente seu planejamento deparam-se constantemente com dificuldades diante de um ambiente externo cada vez mais conturbado e restritivo, assim como perante a complexidade que envolve seu próprio ambiente organizacional. A falta de clareza ou a inadequação dos objetivos inviabiliza o desenvolvimento de um trabalho sólido e duradouro na gestão da organização.

> **DICA**
>
> Para serem adequados, os objetivos adotados pela organização devem vincular-se a expectativas, desejos, valores e necessidades da sociedade, e guardar coerência com as características e potencialidades da organização. O gestor deve utilizar-se das diversas ferramentas de análise ambiental e organizacional disponíveis para auxiliar a organização na definição dos objetivos que irão levá-la a não desperdiçar esforços com atividades pouco relevantes.

Mas não basta que a organização defina corretamente seus objetivos, pois, caso não sejam de fato aceitos e incorporados pelos colaboradores, ainda que sejam apresentados interessantes documentos com os rumos que devem ser tomados pela organização, eles com certeza não serão satisfatoriamente alcançados. Assim, faz-se necessária a busca de estratégias que facilitem a adoção dos objetivos pelos colaboradores, uma vez que, quando os objetivos individuais sobrepõem-se aos organizacionais, as metas pretendidas não são alcançadas.

Deve-se criar uma identificação dos indivíduos com a organização, o que não ocorrerá se não forem adotadas políticas de pessoal adequadas, que contemplem os colaboradores nos seus objetivos individuais. É importante lembrar que, quando se afirma que os objetivos individuais precisam estar subordinados aos objetivos organizacionais, não se está, de modo algum, minimizando sua importância. O trabalho é uma fonte fundamental de satisfação das mais diversas necessidades humanas, e quando se oferecem ao colaborador as condições adequadas para sua realização pessoal e profissional, ele tende a aderir com mais convicção aos objetivos organizacionais.

> **DICA**
>
> A própria expressão "disseminação" auxilia na compreensão de como deve ser enfrentado esse desafio. Disseminar deriva de semear e, ao pensar em como se dá o processo de cultivo agrícola, podem-se estabelecer correlações com a incorporação dos objetivos corporativos, ajudando-nos a entender a real dimensão desse desafio. Quando se pergunta a alguém o que significa disseminar, uma das respostas mais frequentemente obtidas é "divulgar". Não é somente isso, no entanto, como veremos a seguir.

QUADRO 1: COMPARAÇÃO: CULTIVO AGRÍCOLA X DISSEMINAÇÃO DE OBJETIVOS

Escolha do que vai ser cultivado, avaliação das condições do solo e do clima, pesquisa dos produtos mais valorizados no mercado. 	Escolha dos objetivos que deverão ser adotados, tendo em vista as necessidades e expectativas dos públicos atendidos e as potencialidades da organização.
Preparação do solo. 	Estabelecimento de condições organizacionais adequadas ao alcance dos objetivos pretendidos, atuando sobre a cultura corporativa, obtendo os recursos materiais e tecnológicos adequados e adotando estruturas e processos de trabalho compatíveis.
Lançamento das sementes. 	Divulgação dos objetivos, promovendo a sensibilização e a capacitação de todos os que deverão ser envolvidos em sua consecução.

Cuidados, manutenção, combate às pragas, garantia das condições adequadas ao crescimento das plantas. 	Acompanhamento das diversas etapas do processo de implantação das mudanças necessárias à consecução dos objetivos, promovendo as alterações que se façam necessárias.
Colheita. 	Alcance dos objetivos adotados.

Como se percebe, são diversas as etapas a serem observadas. Da mesma forma que nenhum agricultor se limita a jogar sementes no solo, os gestores organizacionais precisam compreender que a disseminação de objetivos vai muito além de preparar campanhas para divulgá-los. Uma das necessidades fundamentais ao alcance dos objetivos é o estabelecimento de condições organizacionais adequadas. A correta definição de estruturas e processos de trabalho representa um dos principais requisitos para tanto.

Definição de estruturas e processos de trabalho

As organizações são sistemas construídos com a finalidade de alcançar determinados objetivos e que, como todo sistema, precisam possuir uma estrutura e adotar processos compatíveis com seus recursos, características e finalidades.

Tradicionalmente, as organizações contavam com uma estrutura baseada em cargos e funções minuciosamente definidos, representados em detalhados organogramas e manuais. As estruturas rígidas, inflexíveis não mais atendem aos requisitos de agilidade e adaptação que caracterizam a sociedade contemporânea, exigindo, portanto, novos padrões de arranjos organizacionais. Surgem novas formas de estruturar 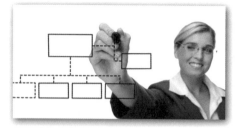 as organizações, nas quais os rígidos limites de competência e autoridade simbolizados nos tradicionais organogramas não fazem mais sentido.

Na administração pública faz-se ainda necessária maior regulamentação dos cargos e funções. O organograma deve ser construído da forma mais flexível e orgânica possível. A adoção de estruturas matriciais e de processos horizontalizados de trabalho, representados, por exemplo, por comitês de ação, são exemplos de soluções que podem ser buscadas. É fundamental que exista uma definição clara de papéis, de autoridade e responsabilidade e da forma como estarão reunidos os recursos e agrupadas as pessoas que compõem a organização. Esse é o centro da estrutura.

É preciso racionalizar processos para que sejam alcançados bons resultados com menores esforços e custos. Por vezes, verifica-se um excesso de atividades, com etapas desnecessárias, ou, ainda, tarefas que poderiam ser realizadas com mais rapidez e que acabam se tornando complexas e demoradas por envolver atividades desnecessárias. Cabe à administração eliminar as etapas desnecessárias, de modo a que sejam obtidos processos mais "enxutos". Por outro lado, existem situações em que um processo exige atividades complementares para se tornar mais confiável. Finalmente, há situações em que se verificam erros e falhas porque não foram cumpridas etapas ou instituídos mecanismos de controle adequados. Cabe ao administrador tornar os processos racionais.

Segmentar corretamente o trabalho é outro desafio da atividade de racionalização da organização, já que uma de suas características fundamentais é a adoção de divisão de tarefas e responsabilidades. Os diferentes setores da organização e cada um dos seus membros devem saber quais são suas competências, as quais devem ser definidas em função da especialização requerida em cada tarefa. Por outro lado, não se pode fragmentar demais os processos. É preciso evitar que cada colaborador desempenhe uma pequena parte da tarefa, o que torna o trabalho cansativo e desinteressante. Esse é um dos grandes desafios da gestão contemporânea.

Em muitas organizações, problemas na divisão de tarefas ocorrem, e uma mesma tarefa é atribuída e desenvolvida, em paralelo, por mais de um setor, o que configura duplicação de esforços e desperdício de recursos. Outras tarefas, por sua vez, acabam deixando de ser executadas por falta de clareza sobre quem deve por elas se responsabilizar. Na divisão de tarefas entre os colaboradores, pode ocorrer a sobrecarga de alguns e a ociosidade de outros; a atribuição de tarefas muito além ou aquém da competência de cada pessoa. Esse tipo de erro, além dos prejuízos diretos causados na execução das tarefas, pode contribuir para a insatisfação dos colaboradores, prejudicando o clima organizacional. Além da correta divisão de tarefas, faz-se necessário o estabelecimento de limites à ação dos gestores e demais colaboradores, sem criar restrições excessivas que inibam a eficiência dos processos produtivos.

Estabelecimento de um adequado conjunto de normas e princípios de funcionamento

Nenhuma organização pode prescindir da adoção de normas que regulem seu dia a dia, delimitando a ação de seus membros, já que, sem regulamentos e parâmetros para a ação, tende a se desestruturar. Na administração pública, essa é uma exigência fundamental, relacionada não somente à funcionalidade, como também à legalidade dos processos.

COMENTÁRIO

A existência de limites às ações individuais representa uma das condições fundamentais para o sucesso das equipes. A importância dos limites pode ser observada na própria natureza. Sem as margens, as águas dos rios perderiam totalmente sua força e virariam pântanos. Por outro lado, se os limites forem demasiadamente estreitos, poderá ocorrer o sufocamento dos indivíduos, impossibilitando-se, assim, o exercício da criatividade e da iniciativa e prejudicando a satisfação pessoal e o envolvimento com o trabalho – requisitos básicos para o sucesso das organizações contemporâneas.
O sistema administrativo tradicional caracteriza-se por um expressivo número de limites e controles centralizados, porém a padronização das decisões, que tanto sucesso fez no passado, hoje representa mais problema do que qualidade. Vive-se, atualmente, em uma sociedade em constante mutação, com clientes cada vez mais diferenciados que exigem soluções específicas para seus problemas. Ao mesmo tempo, a velocidade vertiginosa das mudanças impede que as inúmeras situações e os desafios que exigem decisões dos membros de uma organização no desempenho de suas funções sejam previstos em detalhados manuais.

Nesse contexto, faz-se necessária a definição de um sistema de regulação interna que, ao mesmo tempo que cumpra seu papel de integrador de esforços, não resvale em uma regulamentação excessiva, que venha a inibir a criatividade e a iniciativa e a tornar os processos administrativos e operacionais lentos, dispendiosos e inadequados às necessidades dos clientes externos e internos.

Ciente da necessidade de fugir da excessiva regulamentação, um crescente número de organizações tem investido nos chamados programas de desburocratização. Tais esforços de simplificação de rotinas administrativas passam, normalmente, por uma completa revisão no conjunto de normas e regulamentos adotados. Não se pode, todavia, prescindir de parâmetros à ação individual, sob pena de resvalar-se no descontrole gerencial. Deve-se, então, decidir o que colocar no lugar dos detalhados manuais que, até há alguns anos, regulavam as ações dos membros das grandes organizações.

> **DESBUROCRATIZAÇÃO**
>
> A desburocratização representa os esforços direcionados para o combate ao excesso de burocracia observado em muitas organizações, por meio de ações de simplificação das rotinas administrativas, visando torná-las mais ágeis.

Um dos maiores desafios no delineamento do modelo de gestão é, justamente, cultivar valores e princípios capazes de, a um só tempo, favorecer a criação de uma espécie de identidade organizacional e dispensar as detalhadas normas adotadas. Assim, em vez de um manual que determine o que pode e o que não pode ser feito, são difundidos princípios como: "o cidadão em primeiro lugar", "manter a ética em todas as ações", "buscar sempre a forma mais econômica de desempenhar uma atividade", entre inúmeros outros.

> **EXEMPLO**
>
> Uma história real que vale repetir aqui é narrada por David Armstrong, empresário norte-americano, vice-presidente da Armstrong International, indústria com atuação em diversos países. Ele conta que se deparou, certa vez, com a necessidade de estabelecer regras mais detalhadas para o reembolso das despesas de viagens a serviço dos seus colaboradores. Em lugar de criar um complexo e detalhado conjunto de normas a respeito, ele resolveu adotar uma política baseada em um princípio bastante simples: *"Em viagem, mantenha o mesmo estilo de vida que você tem em casa"* (Armstrong, 1994:71). Assim, cada colaborador deveria consumir, por conta da empresa, o mesmo que consome normalmente com seus próprios recursos. Segundo Armstrong, é mais fácil – e mais eficaz – confiar que seu pessoal fará a coisa certa, até porque os sistemas de controle podem sempre ser burlados.

> **DAVID ARMSTRONG**
>
> Presidente e CEO da Armstrong International, Inc. American Solutions. Ex-presidente da Câmara e presidente geral da American Solutions – Newt Gingrich. Escritor de livros sobre liderança e gerência em empresas. Entre suas publicações, destacam-se *Hanging by a thread: the erosion of the golden rule in America*, *Managing by storying around* e *How to turn your company's parables into profit*.

Definir valores e fazer com que sejam incorporados eficazmente são tarefas muito mais complexas do que escrever manuais, normas e regulamentos, de modo a conscientizar os envolvidos no sentido de não confundirem liberdade de ação e autocontrole com ausência de limites. Nesse sentido, é fundamental que aqueles que eventualmente se revelem pouco dignos de confiança, e, intencionalmente, abusem da confiança neles depositada, sejam claramente identificados.

> **COMENTÁRIO**
>
> O Brasil tem uma história marcada por manifestações de autoritarismo e pelo legalismo, ou seja, pela excessiva valorização da regulamentação. Não acostumadas a trabalhar em um ambiente de liberdade com responsabilidade, algumas pessoas revelam-se especialmente difíceis de ser gerenciadas dentro desse sistema de controle. Ao tratar, porém, as pessoas como irresponsáveis e imaturas, reforça-se esse tipo de comportamento. Além disso, como em muitas outras situações, o mais fácil (estabelecer controles ferrenhos) não representa o melhor caminho, e a obtenção da excelência organizacional depende, entre outras medidas, do sucesso dos esforços de combate à excessiva regulamentação com privilégio do autocontrole.

O gerenciamento de uma organização não representa uma atividade simples, e quando não é desenvolvido de forma adequada podem ocorrer diversas disfunções que prejudicam o sucesso. Para tanto, são constituídos os modelos de gestão, através dos quais deve ser buscada a preservação da coerência entre as ações administrativas direcionadas para o bom andamento das atividades corporativas e o fortalecimento da identidade organizacional. Segundo Mintzberg (1995:10),

> toda atividade humana organizada – desde a de fazer vasos até a de colocar um homem na lua – dá origem a duas exigências fundamentais e opostas: a divisão do trabalho em várias tarefas a serem executadas e a coordenação dessas tarefas para obter resultados.

Favorecer o desenvolvimento eficaz da missão organizacional torna-se o objetivo fundamental da modelagem. Conforme destacam Ferreira e colaboradores (2009), a palavra modelo, derivada do latim *modulus*, conduz a molde, forma, e, embora utilizada em diferentes contextos e com significados diferenciados, implica a ideia de organização e ordenamento

de partes que compõem um conjunto. Assim, em linguagem simples, pode-se definir modelo como aquilo que serve de exemplo ou norma em determinada situação.

A palavra e o conceito de modelo impregnam as relações humanas e sociais que se estabelecem com outras pessoas. Na área de gestão, não se pode fugir da visão tradicional de que gerir significa organizar e modelar, por meio de instrumentos e técnicas adequadas, os recursos financeiros e materiais da organização e até mesmo as pessoas que a compõem. Vale observar que não existe nenhum modelo capaz de funcionar bem em qualquer situação, mostrando-se fundamental que sejam respeitadas as características e necessidades de cada organização. A inexistência de um padrão único de qualidade para os modelos de gestão leva à necessidade de que sejam buscados indicadores para a avaliação de sua qualidade. Para tanto, há três indicadores de grande relevância:

- eficiência;
- eficácia;
- efetividade.

Ser *eficiente* significa desempenhar tarefas de maneira racional, otimizando a relação entre recursos despendidos e resultados alcançados e obedecendo às normas e aos regulamentos aplicáveis. Uma atividade eficiente é, portanto, aquela que é benfeita.

Ser *eficaz* se relaciona ao alcance dos objetivos, sendo uma tarefa considerada eficaz quando contribui, de fato, para o sucesso da organização; quando sua realização agrega valor, produz resultados relevantes.

O ideal é que a eficiência e a eficácia sempre estejam presentes, o que nem sempre acontece, já que muitas tarefas são eficientes, mas não são eficazes. Um exemplo seria a elaboração de determinado relatório, adotado pela direção de uma instituição e apresentado mensalmente pelos gerentes dos diversos setores. Se esses gerentes cumprirem sua obrigação a cada mês, elaborando documentos consistentes, benfeitos e apresentados no prazo correto, estarão sendo, sem dúvida, eficientes. Mas, se o relatório em questão não for relevante para a organização, ao instituí-lo a diretoria pode ter agido sem pensar exatamente quais vantagens teria em contar com suas informações. Assim, todo o esforço despendido nesse trabalho será de pouca utilidade, tratando-se de uma tarefa ineficaz, embora executada de forma eficiente. E o contrário também pode acontecer, pois uma tarefa pode alcançar a eficácia sem ser realizada de forma eficiente, como acontece ao se alcançar um objetivo, porém não da forma mais recomendável. Um exemplo seria um jogo de futebol em que, muitas vezes, uma equipe joga mal, erra muito, mas, por um golpe de sorte, consegue marcar um gol no final da partida, saindo vencedora. É um típico caso de eficácia, a despeito da falta de eficiência dos jogadores.

Naturalmente, nenhuma das duas situações – a eficiência sem a eficácia ou vice-versa – é interessante para a organização. No primeiro caso, são investidos talentos e recursos para alcançar resultados pouco significativos. Na situação oposta, o alcance dos objetivos certamente não se dará por muito tempo. A eficácia sem eficiência é insustentável por um período mais longo, pois os desperdícios de recursos gerarão um desequilíbrio que acabará por determinar o fracasso da organização.

Ainda usando como exemplo o time de futebol, é certo que a equipe em questão não poderia contar com a sorte em todas as partidas que viesse a disputar, sendo difícil imaginar que chegasse a ser campeã se, na sequência dos jogos, se mantivesse atuando de forma displicente, errando muito, sendo ineficiente. Ocorre que, muitas vezes, não é possível conciliar, como seria ideal, a eficiência e a eficácia em altos níveis, tornando-se necessária a tomada de decisão sobre qual das duas esferas deve ser privilegiada, decisão essa que terá de considerar as circunstâncias envolvidas. Não se pode dar, *a priori*, uma resposta sobre qual é mais importante – a eficiência ou a eficácia – caso as duas não possam ser alcançadas ao mesmo tempo.

Os conceitos de eficiência e eficácia já se encontram plenamente incorporados à teoria administrativa, sendo encontrados com igual sentido nas mais diversas obras. Há outro conceito que, embora não seja tão difundido quanto os primeiros, é igualmente importante: *efetividade*. Este conceito representa uma importante contribuição para o entendimento do padrão de desempenho requerido das organizações contemporâneas. Motta (1972) definiu a efetividade como o alcance de objetivos do desenvolvimento socioeconômico. Uma organização se mostra efetiva, portanto, quando mantém uma postura socialmente responsável. A efetividade se relaciona com a satisfação da sociedade, com o atendimento dos requisitos sociais, econômicos e culturais da mesma. Partindo-se do pressuposto de que toda e qualquer organização existe em função de necessidades sociais e depende da manutenção de um bom relacionamento com a sociedade para se desenvolver, verifica-se a importância da incorporação deste terceiro indicador de desempenho pelas organizações.

A responsabilidade social e o atendimento dos interesses da sociedade não podem ser confundidos com atributos típicos apenas das organizações públicas e entidades filantrópicas. As empresas também precisam investir na efetividade para manter uma boa imagem junto aos clientes. Não à toa, muitas empresas estão investindo na preservação do meio ambiente, na cultura e em atitudes que possam passar à sociedade uma imagem positiva. Na área pública, no entanto, a manutenção de níveis elevados de efetividade é claramente importante, sendo mesmo imprescindível.

> **DICA**
>
> Para que eficiência, eficácia e efetividade organizacional possam ser alcançadas, é indispensável a manutenção de coerência e compatibilidade na modelagem das diversas variáveis organizacionais. As escolhas das variáveis devem atender a critérios de sua adequação à tarefa/função da organização, ficando clara, assim, a necessidade de adequação do modelo organizacional conforme a natureza da organização e sua relação com o ambiente.

O modelo proposto por Galbraith, reproduzido na figura 1, representa uma das mais tradicionais contribuições para o entendimento dessa necessidade.

FIGURA 1: DIMENSÕES ORGANIZACIONAIS

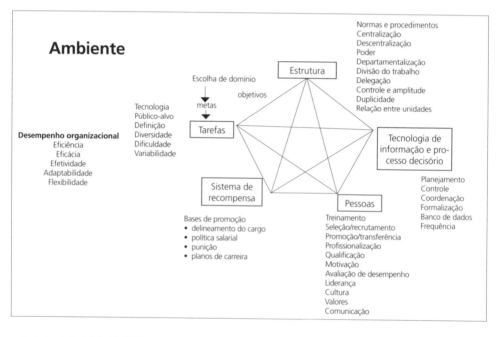

Fonte: Adaptado de Galbraith (2001).

Na figura 1, há múltiplas dimensões que precisam ser consideradas no delineamento de um modelo de gestão que se revele adequado a determinada organização. Cada item que compõe as dimensões apresentadas pode assumir características diversas, requerendo medidas distintas para que funcione a contento. Isso sem falar no ambiente externo, que também apresenta grande variabilidade em fatores como: época, local, mercado, público-alvo, tecnologias aplicáveis, comportamentos dos clientes, concorrentes, fornecedores e parceiros, entre outros. Assim, as medidas adotadas e as características assumidas pelos modelos de gestão precisam guardar o chamado alinhamento sistêmico, ou seja, é preciso que exista coerência entre as ações e decisões tomadas, de modo a que sejam compatíveis com a filosofia de gestão adotada e que não se contradigam entre si. Um arranjo organizacional que se revela excelente em determinado contexto pode ser desastroso quando aplicado em situações distintas.

Mintzberg (1995) destaca que os elementos de uma estrutura devem ser selecionados para alcançar uma congruência interna ou harmonia, bem como uma congruência básica com a situação da organização. Ampliando o foco para além dos conceitos de eficiência, eficácia e efetividade, o Programa Nacional de Gestão Pública e Desburocratização (Gespública), instituído pelo Decreto nº 5.378/2005, utiliza seis fatores para qualificar as práticas de gestão (Lima, 2007):

> **ALINHAMENTO SISTÊMICO**
>
> Caracteriza-se pela manifestação de harmonia de cada parte do sistema com o seu todo, revelando-se, por exemplo, na coerência de determinada medida administrativa com o modelo de gestão adotado. Com isso, evita-se a manutenção de práticas que, embora possam ser interessantes e bem-sucedidas em outros contextos, não se adequam às peculiaridades da organização na qual estão sendo implantadas.

Adequabilidade

Expressa pelo grau de compatibilidade de determinada prática de gestão com um ou mais requisitos de avaliação e com o perfil do órgão ou entidade objeto da avaliação.

Proatividade

Capacidade do sistema de gestão de fornecer sinais aos gestores de que algum fenômeno – positivo ou negativo – entrou no espaço possível da organização, possibilitando o melhor aproveitamento das oportunidades e a redução dos efeitos negativos.

Refinamento

Esta não é uma característica intrínseca das práticas de gestão, mas um atributo delas que evidencia estarem essas práticas submetidas ao ciclo de aprendizado preconizado pelo Gespública.

Inovação

Este é o fator que analisa as práticas do sistema de gestão quanto ao seu ineditismo, pelo menos para o ramo de atividade do órgão ou atividade.

Disseminação
Uma prática de gestão está disseminada quando todas as áreas ou processos da organização revelam-se compatíveis com os princípios e práticas adotados.

Continuidade
Este é um fator crítico de sustentação dos resultados, mas não deve ser confundido com o continuísmo, consagrado em pensamentos do tipo: "sempre foi feito assim, por que deveria mudar?"

MINTZBERG

Professor de gerência de estudos na Universidade de McGill, em Montreal, é um dos mais respeitados especialistas em estratégias do mundo, com 13 livros publicados. Seu trabalho identificou 10 papéis gerenciais, divididos em três áreas – fazer interpessoal, da informação e de decisão.

PROGRAMA NACIONAL DE GESTÃO PÚBLICA E DESBUROCRATIZAÇÃO (GESPÚBLICA)

O Programa Nacional de Gestão Pública e Desburocratização é a fusão do Programa da Qualidade no Serviço Público (PQSP) com o Programa Nacional de Desburocratização. Foi instituído em fevereiro de 2005, com o objetivo de melhorar a qualidade dos serviços públicos e aumentar a competitividade do país, por meio de medidas que tornem a gestão pública voltada para resultados excelentes e coloque a burocracia necessária a serviço do cidadão.

COMENTÁRIO

Como se percebe, é grande a complexidade da gestão pública, pois muito além da obtenção de resultados, que costuma ser a tônica da administração privada, na área pública encontra-se uma série de requisitos que precisam ser contemplados pelos modelos de gestão. Como a sociedade atual possui características bem diferenciadas, é preciso garantir que a modelagem organizacional adotada seja adequada às necessidades das organizações e dos públicos por ela afetados, bem como a uma ambiência social bastante complexa.

Desafios da sociedade atual

A época atual, conceituada como "sociedade pós-industrial" ou "sociedade da informação", é marcada por grandes desafios e por uma conjuntura social, política, econômica e cultural bem distinta da que havia até algumas décadas. Muitas das crenças que nortearam, por décadas, o pensamento administrativo não se ajustam mais aos desafios da ambiência corporativa atual. As organizações que se mantiverem alheias a essas mudanças deverão enfrentar dificuldades crescentes para inserir-se de modo positivo no meio ambiente em que atuam, bem como para manter integrados seus próprios colaboradores.

SOCIEDADE PÓS-INDUSTRIAL

Um tipo de sociedade já não baseada na produção agrícola, nem na indústria, mas na produção de informação, serviços, símbolos – semiótica – e estética.

A sociedade pós-industrial provém de um conjunto de situações provocadas pelo advento da indústria, tais como o aumento da vida média da população, o desenvolvimento tecnológico, a difusão da escolarização e da mídia.

A sociedade pós-industrial se diferencia muito da anterior, e isso se percebe claramente no setor de serviços, que absorve hoje cerca de 60% da mão de obra total, mais que a indústria e a agricultura juntas, pois o trabalho intelectual é muito mais frequente que o manual e a criatividade, mais importante que a simples execução de tarefas. Antes era a padronização das mercadorias, a especialização do trabalho, agora o que conta é a qualidade da vida, a intelectualização e a desestruturalização do tempo e do espaço, ou seja, fazer uma mesma coisa em tempos e lugares diferentes – simultaneidade (Lucci, 2013).

SOCIEDADE DA INFORMAÇÃO

Conceito que surge no contexto de debates acadêmicos, envolvendo cientistas sociais e economistas, e que se relaciona à configuração de um novo tipo de sociedade, baseado no desenvolvimento e na difusão de novas tecnologias da informação, com a consequente estruturação de um novo quadro de relações sociais e econômicas.

As mudanças vivenciadas pela sociedade atual foram definidas por Toffler (1985) como a terceira grande revolução da humanidade. De acordo com essa interpretação, a humanidade já passou por duas grandes ondas de mudança e está passando, agora, pela terceira. A primeira ocorreu quando o ser humano descobriu as técnicas agropecuárias, já que, até então, vivia-se  em tribos nômades, forçadas a migrar quando se esgotavam os recursos naturais de uma região, uma vez que o extrativismo representava a única fonte de sobrevivência, e a organização social era típica das sociedades tribais. Após a chamada revolução agrícola, tornou-se viável a fixação dos grupos sociais na terra. Inaugurou-se, então, uma época de muito maior complexidade, passando a existir um bem econômico: a posse da terra e, em decorrência, uma hierarquia social, disputas políticas e outros arranjos típicos de uma sociedade mais complexa do que a tribal. O modo de vida sedentário possibilitou, também, a incorporação de maiores avanços na construção de moradias e infraestrutura e inaugurou-se a era das grandes sociedades agrícolas e um modo de vida que girava em torno da agropecuária.

Muitos séculos depois, a invenção da máquina a vapor e sua aplicação na indústria causaram outra grande revolução, ou, no dizer de Toffler (1985), uma nova onda de mudanças. O declínio da economia rural, a emergência de novos padrões de comportamento, o declínio da maioria das monarquias absolutistas e a expansão do modo de produção capitalista mudaram radicalmente a história da humanidade nos dois últimos séculos. A urbanização e o crescimento das cidades trouxeram um novo conceito: o de cidadania. Lutas sociais por direitos civis e trabalhistas tomaram grande impulso pela convivência dos operários, oportunizada pelo modelo industrial urbano. Novos arranjos sociais, políticos, econômicos e culturais surgiram, mudando mais uma vez a sociedade de forma profunda.

> **TOFFLER**
>
> Alvin Toffler é o mais renomado futurista da atualidade. Seus livros são sempre aguardados com ansiedade e revelam novas tendências, novos cenários e novas previsões. Foi professor da Russel Sage Foundation, da Cornell University, em Washington, e membro honorário da United Nations Development Fund for Women.
>
> As obras de Toffler são escritas a cada 10 anos e abordam os saltos tecnológicos necessários à sobrevivência na próxima década.

Nas duas últimas décadas do século XX, houve novamente uma mudança significativa, mais uma vez iniciada com uma tecnologia rompedora. A difusão da informática e, em seguida, o advento da internet levaram à construção de uma nova sociedade, chamada, como já citado, de pós-industrial ou do conhecimento. Essa nova sociedade é tão diferente da industrial quanto esta foi da agrícola. Não apenas no

campo dos arranjos produtivos, mas na economia, na política e em todos os campos da vida social surgiram configurações bastante diferentes das que havia anteriormente.

No novo contexto, faz-se necessário que os arranjos organizacionais e os modelos de gestão sejam revistos para fazer frente às novas necessidades que decorrem das grandes mudanças observadas. Partindo dessa premissa, relacionam-se, a seguir, algumas das principais mudanças que precisam ser empreendidas.

Da padronização à adequação aos diferentes públicos

Uma das características do modelo de gestão industrial diz respeito à padronização de procedimentos e de produtos e serviços oferecidos. A burocracia, modelo organizacional fundamental da grande maioria das organizações do século passado, tem base, entre outros princípios, no estabelecimento de padrões rígidos de ação e comportamento organizacional. Pouco ou nada deve, segundo o receituário burocrático, ser feito em uma organização a partir das preferências e crenças dos colaboradores. Normas e regulamentos claros e detalhados deveriam reger os procedimentos administrativos e operacionais, bem como o comportamento humano.

No que tange aos produtos e serviços ofertados, o fordismo, ou seja, o conjunto de práticas adotadas por Henry Ford, representou outro arranjo fortemente baseado na padronização. Ficou famosa a afirmação de Ford, quando questionado por que somente produzia carros da cor preta, de que os clientes poderiam optar por comprar carros da cor que desejassem, desde que fosse preta. A pouca preocupação de Ford com as necessidades específicas dos seus diferentes clientes era possível, naquela época, porque havia pouca competição, os consumidores eram menos exigentes e, no mais, as pessoas mantinham mesmo hábitos bem similares.

Em relação às políticas e práticas de gestão de pessoas, o modelo industrial caracterizou-se, da mesma forma, por uma intensa padronização de procedimentos, nivelando as necessidades e expectativas dos colaboradores, desconsiderando as diferentes expectativas e necessidades individuais. Por muito tempo, houve no Brasil uma premiação do "operário padrão", que, só pelo título, revela a premissa de que o bom colaborador deve se submeter a rígidos padrões de comportamento. Uma análise dessas manifestações na sociedade atual mostra significativas mudanças, nas quais se revê o modelo burocrático, flexibilizando-o em grande número de empresas e organizações públicas. Torna-se, cada vez mais claro, que o excesso de regulamentação e a existência de um conjunto de normas por demais detalhadas e inflexíveis atrapalham o desempenho das organizações.

O fordismo é considerado por muitos analistas um modelo produtivo obsoleto, e arranjos produtivos mais flexíveis são adotados por um crescente número de organizações, em busca da manutenção da competitividade em um ambiente complexo e desarmonizado.

FORDISMO

Conjunto de princípios desenvolvidos por Henry Ford, com o objetivo de racionalizar e aumentar a produção. Ford introduziu, em sua fábrica de automóveis, a linha de montagem – uma inovação revolucionária nos métodos de produção. Os veículos são colocados em uma esteira e passam de um operário para outro, para que cada um faça uma etapa do trabalho. A expressão fordismo virou sinônimo de produção em série.

HENRY FORD

Empreendedor americano nascido em 1863. Em 1903, fundou a Ford Motor Company. Estudou até os 15 anos, quando começou a trabalhar como aprendiz em fábricas. Portador de um forte interesse por mecânica, ele aplicou pela primeira vez o modelo de montagem em série para produção de automóveis em menos tempo e por menor preço. Atuou como engenheiro-chefe da Edison Company – Detroit. Em 1908, após fundada a Ford Motor Company, lançou o primeiro modelo da empresa, o Ford Modelo T, conhecido no Brasil como Ford Bigode. Faleceu aos 84 anos, em 1947.

No lugar de carros iguais para todo tipo de clientes, as indústrias de automóveis, ícones do modelo industrial, oferecem hoje a possibilidade de forte diferenciação do veículo de cada comprador. Pelo site das montadoras é possível a aquisição de um carro com grande número de características escolhidas pelo próprio cliente, o que vem se firmando como uma tendência não só na indústria, mas também no comércio e na prestação de serviços.

Na área pública, os aspectos administrativos e operacionais precisam ser revistos, já que ainda são marcados por forte padronização. A sociedade atual é marcada pela despadronização de demandas das distintas parcelas da população, e as políticas e os serviços públicos não se mostrarão eficazes se não forem capazes de incorporar diferenciações que favoreçam o atendimento das diferentes necessidades sociais.

Da estabilidade às mudanças radicais

Mudanças sempre ocorreram na história da humanidade. Desde os tempos mais remotos, a emergência de novas tecnologias e novos arranjos produtivos trouxe alterações e melhorias (ou retrocessos) no modo de vida das pessoas e nos sistemas sociais e econômicos. Notava-se anteriormente, entretanto, que as mudanças costumavam seguir em determinada direção e se mostravam, principalmente, paulatinas e incrementais, ou seja, as que aprimoram ou modificam o que já existe, sem que sejam buscadas novas opções substitutivas. A aquisição de estabilidade era uma consequência direta do tipo de mudança enfatizado e da padronização, já referida na subseção anterior. Uma vez que determinado procedimento demonstrasse funcionar bem, ele passava a ser adotado por um longo período. Depois de conhecer bem suas rotinas, cada profissional poderia praticamente limitar-se a reproduzi-las, sem se preocupar em adquirir novas competências ou adotar comportamentos inovadores.

Em vez da melhoria do que já existe, o que se busca hoje, na maioria das organizações, é a descoberta de soluções realmente inovadoras, capazes de substituir os antigos arranjos administrativos e operacionais. Novos produtos e serviços são lançados a todo momento, tornando outros obsoletos e desnecessários. Nesse novo contexto, os modelos de gestão precisam favorecer a busca constante da inovação, estimulando o pensamento divergente e a experimentação. Na área pública, não é diferente. As fortes e radicais mudanças na sociedade exigem do Estado alterações igualmente significativas na forma de atuar, sob pena de ficarem os serviços públicos obsoletos e de baixa relevância social.

Da forte ênfase na hierarquia ao empreendedorismo interno

Frederick Taylor, pioneiro dos estudos administrativos, afirmou que quanto "mais próximo do cérebro de um boi fosse o cérebro do colaborador, tanto melhor", ou, na interpretação da afirmação, o bom colaborador, tal qual um boi, deveria ser burro, forte e disciplinado. Na base dessa frase firmava-se a crença de que caberia somente aos engenheiros e dirigentes a tarefa de pensar e determinar a forma mais eficaz de se executar cada tarefa. Partindo-se da premissa de que só havia uma maneira correta de se executar qualquer procedimento, não fazia sentido conceder-se aos colaboradores autonomia para tomar decisões a respeito de como deveriam desempenhar suas tarefas. Esse pensamento foi incorporado pelo senso comum, refletindo-se em afirmações do tipo: "manda quem pode, obedece quem tem juízo", "ordens são para serem cumpridas e não discutidas" ou ainda "você não é pago para pensar, é pago para agir".

Considerando que hoje o conhecimento representa o mais importante patrimônio de qualquer organização, não seria razoável excluir a maioria dos colaboradores da busca por sua ampliação. "Homens-bois" não são capazes de contribuir para a geração de novos conhecimentos ou para a expansão das competências possuídas pela organização. Além disso, a forte despadronização e as constantes e profundas mudanças, já referidas nas seções anteriores, dificultam a adoção de um conjunto detalhado de instruções por parte dos gestores e a limitação dos liderados em segui--las. Assim, agir de forma empreendedora deixou de ser um atributo associado apenas àqueles que são donos de um negócio ou gestores. Em qualquer cargo, nas mais variadas organizações, a incorporação de um maior nível de iniciativa e resolutividade se tornam fundamentais. Programas de gestão participativa e de revisão dos processos decisórios, descentralizando as decisões mais operacionais, representam uma tendência da gestão atual. É preciso estimular os colaboradores a pensar e a agir, em lugar de ficarem apenas dependendo de ordens emanadas de seus superiores hierárquicos.

> **FREDERICK TAYLOR**
>
> Engenheiro industrial americano que se dedicou à busca de racionalização e eficiência no trabalho. Inventou a chamada administração científica – organização do trabalho que consistia em uma análise temporal das tarefas individuais, permitindo melhorar o ritmo dos colaboradores. Foi técnico em mecânica e atuou como operário. Posteriormente, formou-se em engenharia mecânica. Nas indústrias em que atuou, foi responsável pela elevação, em grande medida, do desempenho dos trabalhadores.

> **COMENTÁRIO**
>
> Na área pública, há características que dificultam um pouco a manutenção de uma postura mais empreendedora por parte dos colaboradores. A maior exigência à observação de normas e a dependência de autorizações superiores para tomada de determinadas decisões é mesmo uma característica diferenciadora das organizações públicas. Nem por isso, no entanto, deve ser entendida como inviável a maior participação dos colaboradores na definição de seus trabalhos e na busca de soluções dos problemas a eles relacionados. Estimular o empreendedorismo interno, mais do que possibilidade, é uma necessidade para os gestores contemporâneos.

Do controle a uma visão ampliada da qualidade

Não é recente a preocupação com o controle da qualidade, uma vez que evitar erros no processo produtivo e garantir a conformidade dos produtos e serviços ofertados é uma preocupação antiga. Os programas de gerenciamento da qualidade, surgidos na segunda metade do século passado, apenas aprofundaram e institucionalizaram essa prática.  Observa-se atualmente, no entanto, a emergência de uma visão bem mais ampla do que seja qualidade total. De acordo com essa nova perspectiva, a qualidade não é um atributo restrito à conformidade dos produtos e serviços e à ausência de erros. Uma organização de qualidade é aquela que, além de ofertar bons produtos e serviços, revela-se capaz de contribuir positivamente para a sociedade nos mais diferentes aspectos. Também representa aquela que respeita seus diferentes públicos, que observa a ética e que contribuiu de forma positiva para o desenvolvimento social.

Os modelos de gestão precisam, em decorrência desse novo patamar de exigência, assumir configurações mais arrojadas, privilegiando uma abordagem sistêmica e integrada e contemplando a manutenção de canais eficazes de comunicação interna e externa. Uma boa gestão não pode mais ser entendida apenas como aquela que evita erros no processo produtivo. Deve, sim, ser entendida como aquela capaz de manter a organização em um nível elevado de eficiência, eficácia e efetividade.

Outra importante mudança que tem ocorrido nas organizações públicas, em função das novas características assumidas pela sociedade, é a busca de mais transparência na sua atuação, com a consequente adoção de mecanismos de prestação de contas de seus atos, da forma como é administrada.

Transparência e prestação de contas

As mudanças sociais destacadas na seção anterior afetam de forma especial as organizações públicas. A despeito de, em alguns aspectos, a gestão pública se assemelhar à privada, há algumas características próprias que precisam ser consideradas. A Constituição Federal institui os seguintes princípios do controle que devem ser observados na administração pública (Matias-Pereira, 2008):

- *universalidade*: todos os gestores públicos estão submetidos ao controle;
- *totalidade*: a totalidade do patrimônio público está submetida ao controle;
- *imparcialidade*: não deve haver intromissão de questões de ordem política nas atividades de controle;
- *autonomia*: necessária aos órgãos de controle;
- *independência*: o controle deve ser independente de todos os agentes políticos ou servidores públicos, qualquer que seja sua posição na escala hierárquica;
- *legalidade*: as despesas e os procedimentos adotados devem sempre estar estritamente dentro das leis que regem a matéria;
- *legitimidade*: uma despesa só é legítima quando orientada para a concretização do bem comum, do interesse coletivo;
- *economicidade*: os resultados pretendidos devem ser alcançados a um custo adequado;
- *moralidade*: os atos administrativos devem primar pela observância dos preceitos morais;
- *supremacia do interesse público*: que deve prevalecer sobre o interesse individual, sobre as vontades pessoais das autoridades ou dos servidores públicos.

MATIAS-PEREIRA

Professor, pesquisador e coordenador adjunto do Programa de Pós-Graduação em Administração da Universidade de Brasília, pesquisador do CNPq, coordenador-geral do Curso de Graduação em Administração a Distância da Universidade de Brasília, professor do curso de Maestría en Integración Económica Global y Regional da Universidad Internacional Virtual de Andalucia (Espanha), professor de pós-graduação na PPGA/UnB. Consultor e avaliador da Capes e do CNPq, consultor e conferencista na área de governo e administração pública. Graduado em economia pelo Centro Universitário de Brasília (Uniceub) e em direito pelo Centro Universitário do Distrito Federal – UDF –, mestre em planejamento urbano pela Universidade de Brasília, doutor em ciências políticas pela Universidad Complutense de Madrid, PhD em administração pela Universidade de São Paulo. Autor de dezenas de artigos científicos e de livros, entre eles *Manual de gestão pública contemporânea*.

Além da imposição legal, os movimentos de aperfeiçoamento de práticas gerenciais levaram à conscientização sobre a importância de prestar melhores serviços à sociedade. Essa conscientização ocorre tanto do lado do colaborador quanto do lado do cliente, que exige melhores serviços. Outro conceito associado à busca por maior transparência que deve caracterizar a administração pública é o de *accountability*. Como o termo não tem uma tradução exata em português, a palavra mais próxima seria "responsabilização", que não alcança, porém, seu verdadeiro significado. A conotação de *accountability* está relacionada à obrigação dos gestores públicos de prestar contas a instâncias controladoras e à sociedade como um todo.

> **CONCEITO-CHAVE**
>
> *Accountability* pode ser entendido como o conjunto de mecanismos e procedimentos que levam os decisores governamentais a prestar contas dos resultados de suas ações, garantindo-se maior transparência e exposição das políticas públicas (Matias-Pereira, 2008). Embora em muitos países, como no Brasil, esse tipo de preocupação seja bem recente, os estudos que deram origem a essa preocupação já são bem antigos. Woodrow Wilson foi um importante precursor na definição da necessidade de *accountability*. No seu artigo "Study of administration", publicado em 1887, foi responsável pela construção das bases do denominado *new public management*, além de introduzir, de maneira pioneira, diversos aspectos da *accountability* democrática. Apregoava a discricionariedade do administrador na escolha dos meios como forma de aumentar sua responsabilidade. Apoiava a eliminação do anonimato burocrático, criticava a desconfiança ilimitada nos administradores e na administração pública, considerando seus efeitos mais maléficos que benéficos (Matias-Pereira, 2008).

A questão da responsabilidade refere-se à obrigação que uma pessoa ou instituição possui de responder por suas próprias ações. No entanto, nem sempre as pessoas ou instituições são instadas a responder pelas consequências de seus atos. Quando um gestor deixa de assumir suas responsabilidades, há um claro enfraquecimento de sua capacidade de comando  sobre o grupo. Os liderados tendem a avaliar de modo negativo o líder que assim age. Logo, assumir as consequências dos atos, mesmo quando imprevistas ou desagradáveis, é imprescindível para a manutenção da credibilidade. Os grupos nos quais se torna comum a fuga da responsabilidade de cada membro tendem a apresentar graves problemas de relacionamento. Quando ocorre algum erro ou problema mais grave, dois movimentos podem ser tentados pelos envolvidos: o acobertamento e a transferência da responsabilidade. Acobertar erros significa, normalmente, agravar suas consequências. Dificilmente um problema que permaneça oculto ou disfarçado vai se resolver por si só. A tendência, nesses casos, é que ele cause uma série de outros problemas e que venha à tona um dia, quando já será bem mais grave e difícil de ser corrigido.

A transferência de responsabilidades baseia-se em uma prática, infelizmente conhecida de todos nós por ser comum: a de colocar a culpa nos outros. Muitos grupos se fragilizam a partir do momento em que um erro é cometido e a culpa fica sendo "empurrada" entre seus membros. A delação, claramente antiética, é incentivada em ambientes nos quais se manifesta esse tipo de problema. Cabe aos líderes não permitir que tal postura se difunda.

Não apenas entre os membros de uma organização pode ocorrer transferência de responsabilidades e, muitas vezes, a culpa é transferida para fatores externos. Peter Senge, na conhecida obra *A quinta disciplina*, aponta algumas barreiras que precisam ser removidas para a implantação do aprendizado organizacional, um dos requisitos de sucesso de qualquer organização contemporânea. Entre elas, temos o que ele chama de percepção deturpada de que "o inimigo está lá fora" (Senge, 1998). Esse problema ocorre quando os membros de determinada organização procuram, diante da ocorrência de maus resultados, colocar a culpa em fatores externos (fornecedores, clientes, conjuntura política e econômica etc.), eximindo-se, assim, de suas responsabilidades. É claro que fatores ambientais exercem influência no sucesso ou no fracasso de qualquer organização; o que não se pode é deixar de perceber os erros e fraquezas internos, que constituem parte dos problemas enfrentados.

Responsabilidade relaciona-se também à definição de objetivos e à capacidade de assumir os riscos. Logo, deve-se dar transparência aos critérios, objetivos e riscos, para incentivar a responsabilidade assumida conscientemente. Indicar responsáveis pelas ações exige definição participativa de metas. A comunicação clara e correta e a obtenção de consensos num espaço participativo produzem, naturalmente, o estabelecimento da responsabilidade. Erros decorrentes de iniciativas conscientes e devidamente analisadas em seus riscos costumam ser mais bem-aceitos, pois fazem parte dos processos de aprendizagem. Há outros tipos de erros, no entanto, que precisam ser fortemente combatidos, como os decorrentes de falta de compromisso com a organização ou com seus públicos, e os desvios de conduta em geral. A responsabilidade pressupõe a implementação de práticas gerenciais de auditoria, controle de qualidade, prestação de contas e avaliação, que se converterão em processos de trabalho suportados por sistemas de informação e com investimentos na qualificação das equipes.

> **PETER SENGE**
>
> Diretor do Programa de Aprendizagem Organizacional e Raciocínio Sistêmico na Faculdade de Administração Sloan, no Massachusetts Institute of Thechnology (MIT), e um dos fundadores da empresa de consultoria Innovation Associates, em Framingham, Massachusetts. Desenvolve atividades como apresentação de seminários sobre organização de aprendizagem para milhares de executivos.

Já a transparência é definida no *Dicionário Houaiss* como "qualidade do que não é ambíguo; clareza, limpidez". E, pela própria definição, pode-se perceber o quão desejável é sua manutenção nos atos públicos. A transparência está diretamente relacionada à ética e representa, hoje, uma das preocupações da sociedade. Diversas organizações não governamentais surgiram nos últimos anos tendo como objetivo monitorar e divulgar indicadores e resultados dos órgãos públicos. A prestação de contas mais consistente é uma consequência dessa tendência.

Com as facilidades proporcionadas pela internet, a iniciativa de prestar contas à sociedade está hoje ao alcance de todas as organizações que desejem assumir uma postura mais transparente. Mas, para tanto, torna-se necessário que os dirigentes públicos se conscientizem da importância dessa prática.[1]

> **EXEMPLO**
>
> Considerando a importância da prestação de contas à sociedade, o governo federal criou, em seu portal na internet, uma página dedicada à transparência, na qual encontrava-se, à época de sua criação, o seguinte texto de apresentação:
>
> > A transparência na administração pública constrói uma nova relação Estado-sociedade, na qual prevenção e controle são instrumentos legítimos para consolidar a democracia. Dessa forma, o cidadão pode acompanhar a aplicação dos recursos e, de forma organizada, interferir no processo decisório.
> > Em sintonia com os princípios de publicidade e impessoalidade, as ações estão disponíveis para consulta, pela Internet e em linguagem acessível, incluindo informações detalhadas sobre a execução orçamentária.
> > Além de atender exigências constitucionais, como a prestação de contas e o Balanço Geral, essas iniciativas aperfeiçoam métodos e criam novas estratégias de combate à corrupção e à impunidade [Brasil. Governo Federal, 2005].[1]
>
> Nessa página, podem ser encontradas informações como: execução orçamentária e financeira do governo federal, relatórios de gestão de órgãos públicos, lista dos órgãos de fiscalização que podem ser acionados e investimentos realizados em cada programa federal.

---

[1] http://www.portaldatransparencia.gov.br/.

Capítulo 2

Abordagens do pensamento administrativo: os modelos básicos de gestão

Neste capítulo, estudaremos os modelos básicos de gestão, desde os mais tradicionais até as opções mais atuais. Para tanto, apresentaremos a abordagem mecânica, como são chamadas as primeiras teorias administrativas e os modelos de gestão delas decorrentes. Em seguida, trataremos do modelo burocrático, que representa a forma de gestão mais comumente encontrada nas grandes empresas e nas organizações públicas, procurando conhecer melhor suas propostas e os problemas que costumam decorrer de sua adoção. Veremos, ainda, os modelos mais recentes e bem diferentes do burocrático, destacando a adhocracia e a abordagem holográfica. Para finalizar, destacaremos a importância da flexibilidade como uma característica que precisa ser incorporada aos modelos de gestão contemporâneos, para que possam adequar-se à complexidade da sociedade atual.

Abordagem mecânica: a perspectiva clássica da administração

O modelo de gestão com inspiração mecânica teve suas bases consolidadas no início do século XX, tendo-se destacado, como principais propositores de suas teorias, Frederick Taylor, nos Estados Unidos, e Henri Fayol, na França (Ferreira e colaboradores, 2009). As ideias de ambos se complementaram e constituem as bases da chamada "abordagem clássica da administração"; seus postulados dominaram as quatro primeiras décadas do século XX e permanecem, até hoje, sendo usados como referência para a estruturação dos modelos de abordagem taylorista.

Administração científica

A chamada "administração científica" teve em Frederick Winslow Taylor o principal articulador. Taylor nasceu na Filadélfia, Estados Unidos, em 1856, e faleceu em 1917. Filho de uma família de classe média, recebeu uma educação fortemente puritana, uma vez que seus pais eram *quakers*. Os *quakers* são um grupo religioso que se caracteriza por extremo rigor na conduta, buscando uma vida de santidade, inspirada no cristianismo primitivo. A influência dos pais certamente contribuiu para a formação de sua personalidade, fortalecendo traços como a obstinada busca da perfeição em tudo o que fazia e o idealismo que caracterizou toda a sua vida (Clutterbuck e Crainer, 1993).

Taylor acreditava que a elevação da produtividade traria amplos benefícios para todos, e os empresários seriam recompensados com o aumento da lucratividade. Aos colaboradores, seriam pagos maiores salários e prêmios por superação de metas, além de exigir-se um esforço físico reduzido, com a racionalização dos movimentos efetuados. Os consumidores contariam com produtos melhores e mais baratos. A racionalidade científica aplicada à produção industrial seria, assim, indutora de uma vida melhor para toda a sociedade. Para ele, o alcance de uma maior racionalidade e eficiência na execução de tarefas poderia reduzir ou até mesmo eliminar o conflito indivíduo/organização (Caravantes, 2005).

JULES HENRI FAYOL

Engenheiro de minas francês, nascido em Istambul, em 1841. Um dos teóricos da ciência da administração que defendeu, na Europa, princípios semelhantes aos de Frederick Taylor. Teve, no entanto, um foco ampliado, alcançando a gestão administrativa em geral, não ficando concentrado apenas na administração da produção, como Taylor. Tendo como ótica a visão da empresa a partir da gerência administrativa, centrou seus estudos em princípios que deveriam ser observados no gerenciamento das organizações, com destaque para unidade do comando, autoridade e responsabilidade.

Estudou a empresa privilegiando as tarefas de organização, fundou a teoria clássica da administração e escreveu *Administração industrial e geral*. Faleceu em Paris, em 1925.

VICTOR CLÁUDIO PARADELA FERREIRA

Graduado em administração pelo Instituto Metodista Bennett. Mestre e doutor em administração pela Fundação Getulio Vargas (FGV), onde agora atua como professor convidado. Possui vasta experiência na área de administração, com ênfase em recursos humanos, e tem trabalhado principalmente com a questão do terceiro setor e gestão social. É autor dos livros *Introdução à administração: uma iniciação ao mundo das organizações*, *Modelos de gestão*, *Gestão com pessoas* e *Gestão de pessoas*.

DAVID CLUTTERBUCK

Consultor especialista em gestão com ênfase em mentoria, *coaching* e liderança. Fundou a Clutterbuck Associates, empresa de consultoria especializada em treinamento e desenvolvimento de competências nas organizações. Publicou mais de 40 livros, entre eles *Everyone needs a mentor*, clássico na área de mentoria, e centenas de artigos.

> **STUART CRAINER**
>
> Autor de diversos livros de negócios e também editor de *The Financial Times handbook of management*. Entre seus livros, estão *The future of leadership* – com Randall P. White e Philip Hodgson –, *The Tom Peters phenomenon* e *The ultimate business library*. Escreve artigos para revistas e jornais do mundo todo, inclusive *Strategy and Business, Across the Board, Management Today* e *Financial Times*.
>
> **GERALDO RONCHETTI CARAVANTES**
>
> PhD em administração pela Universidade do Sul da Califórnia, Estados Unidos. É conselheiro consultivo da Associação Nacional dos Cursos de Graduação em Administração (Angrad), além de consultor organizacional. Professor visitante da Fundação Getulio Vargas, é um dos nomes mais respeitados no cenário do ensino de graduação em administração no país.

Em 1874, após ter-se formado mecânico, Taylor iniciou sua vida profissional como aprendiz, trabalhando como operário na Enterprise Hidraulic Works, da Filadélfia. Para Taylor, as experiências acumuladas no trabalho como operário acabaram sendo extremamente úteis para o entendimento que ele alcançou dos detalhes do processo produtivo, o que se tornou essencial à construção de suas teorias. Em 1878, transferiu-se para a Midvale Steel Works, companhia na qual ocupou diversos cargos administrativos, operacionais e gerenciais, tendo oportunidade para empregar seu talento na racionalização dos processos produtivos (Souza e Ferreira, 2006). Na Midvale, Taylor teve oportunidade de observar como a aplicação de métodos racionais de trabalho poderia aumentar a produtividade. Técnicas diferentes eram utilizadas para a execução de um mesmo trabalho, sem que ficasse claro qual a mais adequada. As responsabilidades que cabiam aos colaboradores e aos administradores não estavam claramente definidas. Decisões administrativas eram tomadas com base em palpites. Colaboradores eram colocados em funções para as quais não possuíam aptidões. A ineficiência observada não foi, entretanto, atribuída apenas à falta de racionalidade nos arranjos produtivos. Na sua percepção, os operários eram muito desinteressados e trabalhavam propositadamente em um ritmo mais lento, rendendo, por vezes, cerca de um terço do que poderiam alcançar. Isso ocorria porque a administração e os colaboradores estavam em contínuo conflito, considerando-se inimigos naturais, como se qualquer ganho que pudesse ser obtido por uma das partes implicasse perda equivalente para a outra (Robins e Coulter, 1998).

Buscando construir arranjos produtivos mais eficientes, Taylor implementou uma série de novos procedimentos quando adquiriu autoridade para promover mudanças. Uma das medidas que adotou foi a distribuição de cronômetros aos chefes de turmas. A cronometragem das diversas etapas dos processos produtivos foi uma das bases para a busca de racionalização e simplificação que marcou todo seu trabalho. Conhecidos os padrões desejáveis de desempenho, tornava-se possível a exigência de sua observância, com punição aos operários que não os alcançassem e premiação aos que conseguissem superá-los. Visando alcançar o máximo de eficiência, Taylor propôs aos gerentes um processo de cinco etapas (Souza e Ferreira, 2006):

- descobrir cerca de 10 homens que sejam especialmente hábeis na tarefa específica a ser analisada;
- estudar cada série exata de operações ou movimentos elementares, que cada um desses homens utiliza na realização do trabalho a ser investigado, bem como os implementos que cada um utiliza;
- estudar, com o auxílio de um cronômetro, o tempo exigido para fazer cada um dos movimentos elementares e, a seguir, escolher a maneira mais veloz de executar cada elemento do serviço;
- eliminar todos os movimentos falsos, lentos e inúteis;
- reunir em uma série, após desembaraçar-se de todos os movimentos desnecessários, os melhores e mais rápidos movimentos, assim como os melhores instrumentos e ferramentas.

As experiências promovidas por Taylor na Midvale foram a base para a definição do modelo de produção que passou a defender (Maximiano, 2005; Silva, 1987):

- o objetivo de uma boa administração era pagar salários altos e ter baixos custos unitários de produção;
- para realizar esse objetivo, a administração tinha de aplicar métodos de pesquisa e experimento para seu problema global, a fim de formular princípios e estabelecer processos padronizados que permitissem o controle das operações fabris;
- os colaboradores tinham de ser cientificamente colocados em serviços ou postos em que os materiais e as condições de trabalho fossem cientificamente selecionados, para que as normas pudessem ser cumpridas;
- os colaboradores deviam ser cientificamente treinados para aperfeiçoar suas aptidões e, portanto, executar um serviço ou tarefa de modo que a produção normal fosse cumprida;
- uma atmosfera de íntima e cordial cooperação teria de ser cultivada entre a administração e os colaboradores, para garantir a continuidade desse ambiente psicológico que possibilitasse a aplicação dos outros princípios por ele mencionados.

Em 1906 Taylor foi eleito presidente da American Associaton of Mechanical Engineers. Nessa época, ele começou a se dedicar mais à elaboração de proposições teóricas, culminando com a publicação, em 1911, daquele que se tornou seu livro mais conhecido: *Princípios de administração científica*, em que se destacam os seguintes princípios, que foram incorporados por inúmeras organizações e permanecem até hoje como bases do taylorismo (Taylor, 1995):

Princípio do planejamento
Cada tarefa deve ser planejada com base em exaustivos estudos, por parte dos dirigentes, eliminando-se os critérios subjetivos, baseados na opinião de operários e capatazes.

Princípio da preparação
Os colaboradores devem ser selecionados cientificamente, de acordo com suas aptidões específicas para determinadas tarefas, e treinados para que sigam com rigor os métodos de trabalho planejados.

Princípio do controle
Os operários devem ser rigidamente controlados, para que sigam os métodos de trabalho previamente definidos.

Princípio da separação entre a concepção e a execução do trabalho
A função de pensar e definir os processos de trabalho cabe unicamente à direção, ficando reservada aos colaboradores somente a execução das tarefas, observando as regras previamente definidas.

As críticas que podem ser formuladas ao modelo de gestão derivado do taylorismo são diversas. Um dos pontos mais criticados é a forma como essa abordagem percebe o colaborador. O bem-estar dos colaboradores não foi, definitivamente, uma preocupação forte dos modelos de gestão decorrentes dessa abordagem. A preocupação básica se direcionava à elevação da eficiência do processo produtivo, buscando-se métodos de planejamento e controle da produção capazes de fazer funcionar bem a "máquina organizacional". Os colaboradores eram vistos como um dos diversos insumos produtivos, ao lado dos equipamentos, energia e matérias-primas.

> **COMENTÁRIO**
>
> O termo "mão de obra", ainda hoje empregado por muitas organizações, revela a visão limitada que essas teorias administrativas possuíam. O operário deveria, tão somente, emprestar sua força física à produção, sendo dispensáveis, ou mesmo indesejáveis, sua inteligência e capacidade criativa, bem como seus sentimentos. Taylor fazia a apologia do que ele chamou de "homem-boi" – o colaborador de grande força física e disposição, totalmente submisso ao controle de seu supervisor e disposto a seguir à risca as normas e rotinas impostas pela empresa.
>
>

A sociedade atual encontra-se profundamente impregnada pelos paradigmas de racionalidade difundidos por Taylor, e seus reflexos se estendem para além dos processos produtivos empresariais, para os quais suas propostas foram inicialmente concebidas. Também na área pública, a visão mecânica de mundo e a busca da racionalidade produtiva manifestam-se há bastante tempo. Até mesmo na antiga União Soviética, que vivia sob um regime comunista, as ideias de Taylor foram bastante prestigiadas, sendo determinada por Stalin sua aplicação nas empresas controladas pelo governo, com vistas à elevação da produtividade. Na mesma época – início do século XX – e partilhando da mesma base de pensamento tecnicista e racionalista, surgiu outra contribuição de grande influência sobre o pensamento administrativo, representada pelas ideias de Henri Fayol, conforme a seguir destacado.

> **ANTIGA UNIÃO SOVIÉTICA**
>
> Região caracterizada pela implantação de um regime de funcionamento da economia que se opôs, entre 1917 e 1989, ao sistema capitalista.
>
> **STALIN**
>
> Político e chefe de Estado russo. Membro de uma família de camponeses, Josef Stalin estudou no Seminário Teológico de Tbilisi. Ingressou no Partido Social-Democrata e teve participação ativa no Partido Bolchevique. Escolhido por Lenin, Stalin participou do Comitê Central dos Bolchevistas, em 1912. Escreveu, nesse período, *O marxismo e a questão da nacionalidade*. Stalin exerceu a função de comissário do Controle do Estado e secretário-geral do partido, iniciando, em 1922, uma era de hegemonia política. Nos anos 1930, instaurou um regime de terror: acabou com as liberdades individuais e criou uma estrutura policial e militar de combate aos inimigos do regime. Josef Stalin assinou um pacto de não agressão com Adolf Hitler em 1939. No entanto, com a invasão da União Soviética pelas tropas alemãs, aliou-se ao Reino Unido e aos Estados Unidos e, no pós-guerra, estabeleceu a hegemonia soviética na Europa do leste. Faleceu em 1953, após 25 anos no poder.

Teoria clássica da administração

Enquanto Taylor voltava-se para a busca de eficiência produtiva nos processos de fabricação, outro expoente do pensamento administrativo ocupou-se de definir o significado e o papel a ser desempenhado pela administração. Henri Fayol nasceu na França em 1841 e faleceu em 1925. Aos 19, conseguiu seu primeiro emprego na empresa de mineração francesa Commentry-Fourchamboult-Decazeville, onde começou como engenheiro e fez carreira até se tornar diretor-gerente, posto que ocupou por 30 anos. Quando Fayol assumiu a direção da companhia, ela estava passando por severas dificuldades, parecendo próximo o encerramento de suas atividades. A despeito dos problemas, inclusive de uma crescente concorrência, logo a empresa prosperou notavelmente, a partir da aplicação dos seguintes princípios de organização (Fayol, 1994):

- *divisão do trabalho*: Fayol defendia que as tarefas fossem divididas em operações mais simples, cabendo a diferentes grupos e indivíduos a execução das mesmas;
- *autoridade e responsabilidade*: autoridade é o poder de dar ordens; a este poder corresponde a responsabilidade, a obrigação de prestar contas;
- *disciplina*: é essencialmente o comportamento ordenado de acordo com as regras estabelecidas;
- *unidade de comando*: os colaboradores devem receber ordens de um gerente somente;
- *unidade de direção*: a organização toda deve se mover em direção a um objetivo comum;
- *subordinação aos interesses gerais*: os interesses individuais devem estar subordinados aos interesses gerais da organização;
- *remuneração do pessoal*: a remuneração deve ser justa, evitando-se explorações, e deve recompensar o bom desempenho;
- *centralização*: as organizações têm de ter um centro que comanda, atuando de forma similar ao cérebro, que comanda o organismo;
- *hierarquia (cadeia escalar)*: é a cadeia de comando ao longo da qual as ordens são dadas e a unidade de comando se desenvolve, devendo ser preservada;
- *ordem*: supõe que cada coisa deve estar no seu lugar;
- *equidade*: tratamento justo e igualitário dos colaboradores por parte da direção;
- *estabilidade do pessoal*: as organizações devem procurar reter seus colaboradores, evitando com isso os custos dos processos seletivos e dos treinamentos de adaptação;
- *iniciativa*: os administradores devem estimular em seus liderados a iniciativa;
- *espírito de equipe*: espírito do corpo, ou harmonia e entendimento entre os membros de uma organização.

Fayol também propôs a divisão do trabalho administrativo nas seguintes operações básicas:

- planejamento;
- organização;
- comando;
- coordenação;
- controle.

COMENTÁRIO

O trabalho de Fayol distinguiu-se do de Taylor por possuir uma maior abrangência, não se limitando aos problemas específicos da produção industrial, da execução de tarefas fabris. Pode-se dizer que Fayol criou a primeira abordagem racional para a organização de empresas e foi, também, o pioneiro na valorização do papel do gerenciamento, defendendo a ideia de que as técnicas gerenciais são necessárias para a direção dos mais variados empreendimentos – grandes ou pequenos, industriais, comerciais, políticos e religiosos, entre outros.

As teorias de Fayol foram reunidas no livro *Administração industrial e geral*, publicado em 1916, pouco antes de sua aposentadoria. A obra apresenta, assim, um conjunto de teorias que já tinham sido efetivamente testadas na prática e que se mostraram bem-sucedidas. Apesar de seu inegável valor na construção do pensamento administrativo, as ideias de Fayol precisam ser relativizadas, revistas, para que possam ser úteis às organizações contemporâneas. A complexidade e o dinamismo característicos dos negócios atuais fazem com que os modelos organizacionais baseados unicamente nos princípios tradicionais lançados por Fayol sejam considerados inadequados, incapazes de responder a demandas como inovação, flexibilidade e descentralização. O modelo burocrático segue a mesma inspiração dos modelos mecânicos, baseando-se, igualmente, na construção de arranjos organizacionais rígidos, formatados para trabalhar em ambientes estáveis e privilegiando a regularidade e a padronização dos procedimentos.

Modelo burocrático: seus princípios e disfunções

A burocracia representa o modelo de organização social que dominou o mundo a partir do século XIX, tendo sido bem-interpretada e popularizada pelo sociólogo alemão

Max Weber (1864-1920). Embora seja popularmente conhecida como sinônimo de lentidão, irracionalidade e emperramento administrativo, sua origem e propósitos são bem distintos (Ferreira e colaboradores, 2009). O advento da burocracia veio com base na evolução da sociedade, com o esgotamento da forma tradicional de autoridade, na qual predominavam características patriarcais e patrimonialistas, e foi na esfera governamental que primeiro se fez necessária a adoção de um modelo de gestão mais complexo. O crescimento das nações e a complexidade adquirida pela gestão pública fizeram com que fosse impossível a continuidade da gestão tradicional, tornando-se imprescindível a criação de um novo tipo de autoridade e uma nova lógica gerencial. A criação de um corpo de colaboradores públicos profissionalizados e designados para cargos nos quais o escopo de autoridade era bem-definido esteve na base da construção da sociedade burocrática.

MAX WEBER

Economista, destacou-se ao escrever *A ética protestante* e *O espírito do capitalismo*, obra em que, procurando esclarecer as características específicas do capitalismo, apontou a relação significativa entre a ética protestante e o espírito capitalista moderno.
Weber nasceu no dia 21 de abril de 1864. Morou com seus tios e se apaixonou por sua prima. Ficaram juntos por seis anos, porém boa parte desse tempo viveu em um sanatório. Devido a uma pneumonia, faleceu no dia 14 de julho de 1920.
Baseou seus estudos em análises de natureza religiosa. Foi pesadamente influenciado por um autor do século XIX, Rudolph Sohm (1882), que estudou formas de organização cristã nas quais indivíduos são chamados a ocupar liderança por virtude de evidência de *charisma*, palavra grega que significa o dom da graça divina.

Na sociedade burocrática, passaram a predominar as normas impessoais e a racionalidade nos processos decisórios. A autoridade burocrática pode ser vista como aquela que tem como base não as qualidades pessoais do indivíduo que a exerce, como ocorre na autoridade carismática, tampouco a crença no direito de mando, que caracteriza a autoridade tradicional. O poder detido pelos colaboradores passou a ter como base o cargo e não a pessoa que o ocupa, estabelecendo-se, assim, uma das bases da burocracia: a capacidade de mando não pode suplantar o dever de obediência a normas e regulamentos. Posteriormente, a gestão das organizações privadas também adquiriu maior complexidade, com o surgimento das grandes corporações.

Uma empresa de pequeno porte pode ser gerenciada diretamente por seus proprietários, sem a necessidade de delegação expressiva de autoridade. No momento em que o crescimento da organização induz à contratação de um corpo de gerentes e colaboradores que precisam ter maior autonomia, faz-se necessário o estabelecimento de um padrão determinado para que a delegação não leve ao enfraquecimento da capacidade de controle dos proprietários. A burocracia revelou-se, então, útil também nas organizações privadas, deixando de ser um fenômeno típico apenas da esfera pública.

No modelo burocrático, as decisões devem ser sempre tomadas com base em padrões universalistas, tendo como base critérios racionais e objetivos, derivados de um corpo de conhecimentos especializados. Os detentores do poder burocrático devem ser designados com base na competência e proficiência demonstrados, sendo treinados para agir no exercício de suas funções de forma eficaz e impessoal. A especialização e o treinamento profissional são vistos como indispensáveis (Blau e Scott, 1972).

No sistema capitalista, a burocracia representa, ao mesmo tempo, o modo de organização da produção nas empresas e o poder executivo no funcionamento das grandes unidades administrativas, constituindo-se como parte integrante do Estado e apresentando-se como uma das formas mais elaboradas de organização humana; representa um sistema no qual encontramos partes ou seções interligadas, cada uma com uma função específica relacionada ao conjunto. Na organização burocrática, a ordem interna deve ser sempre estabelecida de acordo com critérios técnicos, privilegiando a eficiência e a qualidade e adotando padrões universais para todas as suas ações, internas ou externas. As decisões devem, no modelo burocrático, ser sempre tomadas com base em um conjunto de regras definidas segundo métodos racionais de avaliação, e, portanto, invariáveis de uma pessoa para outra (Tragtenberg, 2003).

Os pressupostos fundamentais da burocracia foram posteriormente transpostos para o campo da administração, na forma de um modelo de gestão largamente adotado pelas organizações. Essa transposição ocorreu principalmente após a publicação, em 1937, da obra *The structure of social action*, de Talcott Parsons, a partir da qual tomou corpo, nos Estados Unidos, a teoria da burocracia em administração (Domingues, 2001). A burocracia adaptou-se muito bem ao sistema capitalista porque se revelou capaz de atender à latente necessidade de integração e controle que caracteriza esse modo de produção. O capitalismo fundamenta-se no trabalho coletivo, o qual exige uma divisão metódica de trabalho, separando-se nitidamente as funções de direção e de execução, o trabalho intelectual do material. O processo produtivo, uma vez transformado em processo coletivo, exige uma coordenação diretiva dos colaboradores (Motta, 2004; Weber, 2006). O modelo burocrático tem como objetivo básico organizar detalhadamente e dirigir rigidamente as atividades da organização, com a maior eficiência possível. Seus principais postulados são os seguintes (Caravantes, 2005; Etzioni, 1984; Weber, 2006):

- *separação entre propriedade e administração*: no modelo burocrático, a transferência de autoridade possibilita que as organizações sejam geridas por profissionais especializados, designados por seus proprietários;
- *caráter legal das normas e regulamentos*: as organizações burocráticas procuram instituir normas para regulamentar cada procedimento administrativo ou operacional;
- *hierarquia da autoridade*: a burocracia prevê a obediência estrita à hierarquia, devendo cada colaborador limitar-se ao relacionamento com seu chefe imediato. A hierarquia e as normas representam decorrências naturais da delegação da autoridade, para que o colaborador que recebe o poder burocrático não extrapole suas competências;
- *impessoalidade nas relações*: pretende que as decisões sejam tomadas de maneira impessoal, ou seja, que não existam privilégios para determinados grupos ou pessoas;
- *rotinas e procedimentos padronizados*: cada tarefa deve ser rotinizada, de modo a ser executada sempre de maneira padronizada;
- *competência técnica e meritocracia*: o merecimento, entendido como qualificação técnica e capacidade, deve ser a base dos sistemas de recompensa e promoção.

A burocracia firmou-se como o modelo de gestão básico da maioria das organizações do século XX pelo fato de atender às diversas necessidades das empresas da chamada era industrial. A despeito dos problemas inerentes a esse modelo de gestão, aumentou-se, dessa forma, a eficácia da hierarquia, reduzindo os abusos de autoridade e trazendo uma maneira mais eficiente de gerenciamento das tarefas complexas que foram se apresentando à medida que as instituições cresciam, criando também um sistema capaz de gerir de forma adequada a produção mecanizada, padronizada, de larga escala e com maciços investimentos financeiros que caracteriza o capitalismo industrial (Pinchot e Pinchot, 1997).

Apesar de pretender dotar as organizações de confiabilidade e segurança administrativa, o modelo burocrático costuma ocasionar uma série de disfunções, acabando por comprometer a eficiência, a eficácia e a efetividade da gestão. As principais disfunções observadas são as seguintes (Caravantes, 2005; Souza e Ferreira, 2006):

- *inflexibilidade*: o excesso de normas e de padronização de rotinas, aliado à rigidez hierárquica, dificulta sobremodo a adaptação das decisões quando as circunstâncias específicas assim o recomendarem;
- *visão fragmentada*: o modelo burocrático não favorece a compreensão, pelos colaboradores, da organização como um todo. Cada colaborador tem acesso a

uma gama bastante restrita de informações e desempenha tarefas rigidamente limitadas. Com isso, a autorrealização tende a ficar prejudicada, devido à alienação do indivíduo da compreensão do todo no qual se insere, bem como da percepção do resultado efetivo de seus esforços produtivos;

- *excessiva concentração das decisões*: a hierarquia rigorosa faz com que praticamente todas as decisões não previstas expressamente nas normas e regulamentos precisem ser tomadas pela cúpula, gerando lentidão e, muitas vezes, inadequação no processo decisório;
- *despersonalização do relacionamento*: o modelo burocrático prevê o relacionamento entre ocupantes de cargos e não entre indivíduos, desestimulando o envolvimento pessoal dos membros da organização e as relações interpessoais e intergrupais que tendem a surgir espontaneamente em qualquer agrupamento humano;
- *descomprometimento*: submetidos a normas e rotinas predefinidas e não possuindo nenhuma autonomia, os colaboradores tendem a não se sentir responsáveis pela qualidade dos serviços que prestam;
- *formalismo excessivo*: na organização burocratizada só tem valor o que é formalmente instituído, o que está explícito nas normas e regulamentos. Tudo que foge a isso é desconsiderado, ainda que se revele importante ou sensato;
- *substituição dos objetivos pelas normas*: as normas deveriam ser tão somente facilitadores do alcance dos objetivos organizacionais. O modelo burocrático costuma induzir, no entanto, a uma excessiva valorização dos regulamentos, tornando-os um fim em si mesmos e fazendo com que muitos colaboradores passem a perseguir o rígido cumprimento das normas em vez de focar em resultados;
- *supervalorização dos meios*: as rotinas administrativas, tipicamente atividades-meio, tendem a ser excessivamente valorizadas neste tipo de organização;
- *favorecimento à corrupção*: costumam ser criadas enormes dificuldades ao atendimento das necessidades dos clientes, em função da rigidez das normas e do descomprometimento dos colaboradores. Com isso, logo aparecem pessoas desonestas que "vendem facilidades". Ou seja, a proliferação de barreiras burocráticas favorece a disseminação da corrupção;
- *corporativismo*: é natural que as corporações desenvolvam o chamado "espírito de corpo", unindo seus membros na busca dos interesses comuns. Quando esse processo se dá de forma exagerada, chamamos de "corporativismo". Neste caso, em lugar de se voltar para o cumprimento de sua missão, a organização passa a se preocupar basicamente com seus próprios interesses. Outra manifestação comum do corporativismo é o protecionismo dos colegas, que faz com que erros ou mesmo atitudes desonestas sejam relevados.

Os problemas que costumam ser gerados pela aplicação do modelo burocrático se mostram bastante graves, e diversos estudiosos da administração consideram a organização burocrática inadequada diante da realidade contemporânea. Esse modelo não favorece o atendimento de alguns dos principais requisitos das organizações  atuais, nas quais se pede aos colaboradores que considerem o todo organizacional, que sejam inovadores, que se preocupem em satisfazer os clientes, que tenham iniciativa própria, que priorizem o trabalho integrado em equipes e que não se limitem ao cumprimento de ordens. Nesse contexto, a burocracia parece ser tão anacrônica quanto se tornou a servidão medieval em relação ao trabalho fabril do início da Revolução Industrial (Pinchot e Pinchot, 1997).

Outra crítica formulada à burocracia refere-se ao papel de reprodutora do *status quo* que desempenha na sociedade. Tragtenberg (2003) afirma que a burocracia pode ser comparada a "uma espécie de religião", na qual é cultuada a hierarquia, louvando-se a distribuição desigual do poder, "onde poucos podem muito e muitos não têm voz". A pretensão de tudo organizar, típica da burocracia, pode ser vista como opressora e indutora de arranjos autoritários, tanto em empresas quanto em sociedades. O nazismo, uma das expressões mais conhecidas e perversas de sistemas autoritários, seria um exemplo do que a busca obsessiva de organização pode fazer. A forte ênfase no controle faz com que o modelo burocrático assuma um papel parasitário, convertendo os meios (controles) em fins e desestimulando a criatividade e a inovação, expressões maiores da liberdade (Tragtenberg, 2003).

Na área pública, a burocracia deveria representar o braço por meio do qual o Estado exerce sua ação, proporcionando uma administração competente do aparelho estatal. Ocorre muitas vezes, todavia, o fortalecimento dos grupos que controlam o aparato burocrático, que adquirem capacidades de manipulação do poder, passando a buscar privilégios e a satisfação de suas próprias aspirações, ao invés do serviço à cidadania. Nas organizações de trabalho pode ocorrer um fenômeno semelhante, com a apropriação de um poder excessivo por parte dos que detêm a autoridade burocrática, que passam a possuir uma condição diferen-

> **GIFFORD PINCHOT**
> Consultor norte-americano que, em 1978, criou o termo intraempreendedorismo. Possui vários livros publicados sobre o tema, entre eles, *Intraempreendedorismo na prática: um manual de inovação em negócios.*

> **NAZISMO**
> Ideologia que combinava duas doutrinas essenciais – a crença na unidade nacional, garantida por um estado unipartidário no qual o líder personifica o desejo nacional, e a crença na superioridade do povo ariano, a qual sustentava que as outras raças deveriam ser subjugadas ou mesmo exterminadas.

ciada no âmbito corporativo (Motta, 2001). Não à toa, têm ocorrido, no setor público brasileiro, programas de redução da burocracia.

> **EXEMPLO**
>
> O primeiro registro oficial de esforços nesse sentido data de 1956 (Decreto nº 39.510, de 4/7/1956). Nele foi criada, por Juscelino Kubitschek, a Comissão de Simplificação Burocrática (Cosb), com a finalidade de promover a simplificação das normas e rotinas administrativas, de modo a evitar a duplicidade de atribuições, o excesso de pareceres e despachos interlocutórios. Outra iniciativa bem conhecida foi a criação, em 1979, do Programa Nacional de Desburocratização, sob a responsabilidade do ministro Hélio Beltrão, para quem o programa "não se destinava a aperfeiçoar o funcionamento da máquina administrativa. Pretendia garantir o respeito à dignidade e à credibilidade das pessoas e protegê-las contra a opressão burocrática" (Beltrão, 1984 apud Lima, 2007:24).

A despeito dos problemas que apresenta, das disfunções já destacadas, é fato que a burocracia representa um modelo melhor do que a desestruturação que caracteriza muitas organizações atuais, em especial as pequenas empresas familiares. Em muitos casos, tem-se uma gestão que se classifica como pré-burocrática, marcada pelo autoritarismo dos dirigentes e pela falta de mecanismos claros de regulação e controle.

Na área pública, o modelo burocrático veio combater o patrimonialismo, que consiste em uma gestão em que não há clareza nos limites entre o patrimônio do Estado e o de seus dirigentes. A reforma que implantou o modelo burocrático na administração pública brasileira foi conduzida por Getúlio Vargas, que, em 1933, encarregou um importante diplomata, o embaixador Maurício Nabuco, de estudá-la, com foco em três diretrizes principais:

- critérios profissionais para o ingresso no serviço público;
- desenvolvimento de carreiras;
- regras de promoção baseadas no mérito.

As pressões populistas-clientelistas limitaram o escopo da reforma (Lima, 2007), e o patrimonialismo ainda se manifesta em algumas partes do país, como se vê nos escândalos de corrupção e aparelhamento do Estado por interesses privados e que marcaram a história. Houve, no entanto, alguns notáveis progressos a partir da implementação de princípios básicos da burocracia, como a impessoalidade, o estabelecimento claro de regras e regulamentos e a meritocracia, já destacados. A obrigatoriedade do concurso público para provimento de vagas, a lei de responsabilidade fiscal, a atuação do Ministério Público, entre outros fatores, representaram conquistas importantes.

> **COMENTÁRIO**
>
> A sociedade precisa caminhar para modelos de gestão pós-burocráticos, mas há casos em que a incorporação dos fundamentos da burocracia pode representar um notável avanço na gestão da organização. No entanto, a despeito de todos os problemas que apresenta, a burocracia permanece sendo largamente utilizada na maioria das organizações de trabalho, em especial naquelas que possuem maior porte. Os modelos alternativos ainda se revelam incipientes e incapazes de atender a todos os tipos de organização atualmente baseadas na burocracia.

> **GETÚLIO VARGAS**
>
> Getúlio Dornelles Vargas nasceu em São Borja (RS) em 1882. Bacharel pela Faculdade de Direito de Porto Alegre (1907), elegeu-se pelo Partido Republicano Rio-Grandense deputado estadual, deputado federal e líder da bancada gaúcha, entre 1923 e 1926. Foi ministro da Fazenda de Washington Luís (1926-27) e presidente do Rio Grande do Sul (1927-30). Em 1929, candidatou-se à Presidência na chapa oposicionista da Aliança Liberal. Derrotado, chefiou o movimento revolucionário de 1930, por meio do qual assumiu, em novembro desse mesmo ano, o Governo Provisório (1930-34). Durante esse período, Vargas deu início à estruturação do novo Estado, com a nomeação dos interventores para os governos estaduais, a implantação da justiça revolucionária, a criação do Ministério do Trabalho, Indústria e Comércio e a promulgação das primeiras leis trabalhistas. Em 1932, eclodiu a Revolução Constitucionalista em São Paulo, quando o Partido Republicano Paulista e o Partido Democrático de São Paulo, unidos em uma frente única, organizaram grande contingente de voluntários em luta armada contra o Governo Provisório. Iniciado em 9 de julho, esse movimento estendeu-se até 1º de outubro. O término do movimento paulista marcou o início do processo de constitucionalização. Em novembro de 1933, instalou-se a Assembleia Nacional Constituinte, responsável pela promulgação da nova Constituição e pela eleição de Getúlio Vargas como presidente da República, em julho de 1934.
>
> **MAURÍCIO NABUCO**
>
> Filho de Joaquim Nabuco, nascido em 1891. Educado em Londres, Inglaterra, seguiu a carreira do pai, ingressando no Itamaraty em 1913. Percorrendo diversos escalões intermediários, foi nomeado já em 1934, aos 43 anos, embaixador, cargo que exerceu no Chile (1937), no Vaticano (1944) e nos EUA (1949). Entre suas missões mais importantes destacam-se a viagem aos Estados Unidos, com o ministro Lauro Müller, em 1913; a participação na delegação brasileira do Congresso de Paz, Versalhes, em dezembro de 1918; e a visita oficial a Inglaterra, Portugal e Estados Unidos da América na companhia do presidente eleito Epitácio Pessoa, em 1919. Na qualidade de embaixador do Brasil em Washington, recepcionou o presidente Eurico Gaspar Dutra em sua visita aos Estados Unidos. Possuía várias e importantes condecorações, entre elas a Grã-Cruz da Ordem do Rio Branco.

Adhocracia, modelo holográfico e flexibilidade organizacional

A sociedade chamada "pós-industrial" possui características bem diferenciadas da era a que sucedeu, sendo marcada por mudanças profundas e constantes, despadronização e imprevisibilidade, entre outros fenômenos. Já foram vistas as limitações dos modelos clássicos de gestão e da burocracia, que não atendem aos requisitos da sociedade contemporânea. Partindo dessas constatações, mostra-se importante a busca de referências alternativas para a modelagem organizacional. Essa tarefa tem sido conduzida por vários estudiosos da gestão organizacional, tanto na área pública quanto na esfera privada. Estando nossa cultura ainda fortemente calcada na visão mecânica e burocrática, as mudanças para modelos inovadores são, naturalmente, difíceis e desafiadoras. As características próprias da administração pública também conferem maior complexidade à substituição dos modelos de gestão tradicionais. Contudo, é importante conhecer outras formas de pensar as organizações, que possam trazer perspectivas diferentes e, em consequência, possibilidades de aprimoramento dos modelos de gestão. Nesse sentido, vale entender o teor de duas teorias: a adhocracia e o modelo holográfico.

Adhocracia

O modelo adhocrático de gestão parte de uma base bem distinta daquela na qual está estruturada a maioria das organizações, que é a burocracia. Enquanto no modelo burocrático trabalha-se com foco na continuidade dos arranjos organizacionais e na definição detalhada de procedimentos, a ênfase adhocrática reside na constante adaptação e na maior liberdade de ação dos gestores e técnicos.

A expressão latina "adhoc" significa "para este fim" e um uso comum de tal expressão ocorre, por exemplo, quando, em um grupo colegiado (comissões internas de prevenção de acidentes, comissões de inquérito, conselhos gestores, entre outros), o secretário encarregado de lavrar atas falta a uma reunião. Nesse caso, é eleito um secretário *adhoc*, ou seja, alguém que não é secretário assume essa função apenas para o fim de lavrar a ata. A ideia central do termo *adhoc* é, portanto, a de algo provisório, destinado a um fim específico. É essa a inspiração do modelo adhocrático: arranjos organizacionais que são construídos dentro de um contexto e para atender a necessidades específicas e que são constantemente revistos.

O quadro a seguir, adaptado de Mintzberg (1995), articulador da proposta adhocrática, destaca em que tipo de organizações a adhocracia se revela mais aplicável, contrapondo-a ao modelo burocrático.

QUADRO 2: FATORES SITUACIONAIS DA BUROCRACIA E DA ADHOCRACIA

Tipo de estrutura	Fatores situacionais que a tornam adequada
Burocracia profissional	Ambiente estável e complexo Tecnologia da organização (sua base de conhecimento) sofisticada Sistema técnico não regulado e não sofisticado Facilidade para acompanhar a moda
Adhocracia	Ambiente complexo e dinâmico Organização jovem Sistema técnico sofisticado

Fonte: Adaptado de Mintzberg (1995:170).

A adhocracia adapta-se melhor a uma determinada ambiência organizacional, caracterizada pela complexidade e pela necessidade de manutenção de posturas gerenciais mais flexíveis. Em ambientes marcados pela padronização de procedimentos e pela ênfase na regularidade, modelos mais tradicionais seriam melhor adaptados. Assim, a adhocracia se mostra como um modelo bem mais adequado às características e necessidades das organizações contemporâneas, sendo sua aplicação plena mais compatível com a natureza das empresas privadas, em especial daquelas que atuam no ramo de prestação de serviços. Isso porque empresas como as indústrias necessitam manter algumas rotinas padronizadas e preestabelecidas, e funções produtivas constantes, características peculiares do sistema burocrático. Como, porém, o setor terciário é cada vez mais preponderante nas economias mais desenvolvidas, podemos dizer que a adhocracia tem grandes possibilidades de crescimento.

Exemplo de organização adhocrática é uma empresa de consultoria cuja estrutura e funcionamento são adaptáveis às necessidades de cada momento. Ao fechar determinado contrato com um cliente, a empresa monta uma estrutura, com consultores autônomos associados, colaboradores temporários, equipamentos e instalações alugados ou cedidos pelo cliente. Quando o projeto chega ao fim, a estrutura é desmontada, podendo as pessoas envolvidas no projeto ser realocadas a outros serviços ou simplesmente ficar aguardando outra oportunidade, enquanto desenvolvem trabalhos em outras organizações.

Em uma organização adhocrática, não há lugar para cargos predefinidos. Um mesmo indivíduo que atue em um projeto como consultor pode, no projeto seguinte, ser designado coordenador e, em seguida, atuar como simples membro da equipe em um terceiro proje-

to. A remuneração, logicamente, variará de acordo com a variação das funções exercidas. Organogramas, manuais de organização, normas detalhadas não fazem sentido em um ambiente adhocrático.

Na área pública, existem características diferenciadas em termos de exigências de controle que dificultam a adoção de um modelo flexível, mas isso não quer dizer que os princípios e práticas adhocráticos não possam ser incorporados, com as devidas adaptações. Tal incorporação significaria, na prática, ações como reduzir o excesso de rigidez nos processos de trabalho, não criar normas internas de funcionamento por demais detalhadas, que engessem os trabalhos a serem desenvolvidos e disseminar práticas ligadas à iniciativa pessoal e flexibilidade na ação dos colaboradores. Ou seja, o conhecimento da filosofia adhocrática e a incorporação de alguns de seus princípios podem representar um instrumento de redução dos excessos e disfunções da burocracia.

Uma das mais importantes características da adhocracia é a ênfase numa gestão baseada em princípios e na flexibilidade da forma como estes são aplicados no dia a dia. Em organizações fortemente adhocráticas, chega-se a dispensar a explicitação das normas, tais a clareza e a força dos princípios adotados. Na área pública, não é possível chegar-se a esse ponto, mas é possível, no entanto, lastrear as normas em princípios que sejam compartilhados pelos membros da organização, o que contribuirá para um melhor entendimento das normativas e para a redução do apego excessivo e da inflexibilidade na aplicação de procedimentos padronizados. A figura 2 demonstra como deve ser a lógica de construção de normas.

FIGURA 2: FLUXO PROPOSTO PARA DEFINIÇÃO DE NORMAS

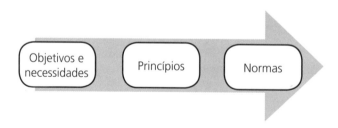

Quando os gestores respeitam o fluxo proposto na figura 2 e explicitam para os membros de suas equipes o caminho seguido, tende a haver uma melhor aceitação das normas adotadas. Ao perceberem os motivos que justificam a adoção das normas, os colaboradores provavelmente as aceitarão melhor.

Outra característica da adhocracia que pode ser adotada em qualquer organização é a ênfase no ajustamento mútuo entre as partes em lugar da intervenção hierárquica, típica do modelo burocrático. Nos modelos de gestão tradicionais, sempre que se manifesta uma desavença de interesses entre partes que compõem a organização, faz-se necessária a intervenção direta do superior hierárquico das pessoas envolvidas na disputa, a quem cabe dar solução à mesma. Na proposta adhocrática, estimula-se o diálogo, com foco nos compromissos comuns baseados nas

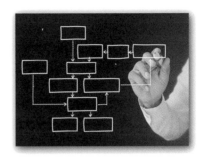

crenças e valores compartilhados e nos objetivos pactuados. Este tende a ser, naturalmente, um método mais complexo de resolução de conflitos, mas, sem dúvida, é mais eficaz e pode gerar resultados mais consistentes.

Outra característica da adhocracia é o desapego a organogramas e a descrições de cargos rígidas. Na área pública, faz-se necessária uma definição clara de papéis, tanto para os setores (organograma) quanto para os colaboradores (descrição de cargos). Pode-se, no entanto, atribuir menor importância aos aspectos formais dessas definições, privilegiando-se a dinâmica de integração de esforços e a flexibilidade na aceitação de desafios e tarefas, independentemente de definições restritivas.

Não existem modelos puros, mas sim influências majoritárias de uma ou outra teoria, na construção da modelagem adotada em cada organização. Muitas vezes, em uma mesma organização há modelos de gestão diferentes em seus diversos setores, em função das necessidades específicas de cada um. Outro modelo de gestão inovador é o holográfico, que, a exemplo da adhocracia, pode contribuir para a estruturação de princípios e práticas de gestão mais adequados às características das organizações contemporâneas, marcadamente complexas e forçadas a conviver com elevados graus de incerteza.

Modelo holográfico

O nome "holográfico" deriva da expressão *holon*, que quer dizer "inteiro" ou "não fragmentado", tratando-se, portanto, de um modelo de gestão que privilegia a análise global das organizações e sua inserção na sociedade. Também no que se refere à percepção da natureza humana, esse modelo prima pela busca de uma visão que rompa com a dissociação entre as dimensões física, cognitiva e emocional, que caracteriza os modelos tradicionais. Morgan (2002) cita, como exemplo a ser seguido pelas organizações, a figura holográfica construída a partir da superposição de determinada imagem, com o uso de raio *laser* apresentando uma característica peculiar: o todo da imagem está refletido em cada uma de suas partes. Assim, se a imagem for fragmentada, pode ser reconstruída a partir de qualquer de seus pedaços, pois o todo está presente em cada um deles. Essa característica também é encontrada no corpo humano. Nosso código genético está presente em cada parte do nosso corpo. Como sabemos, testes de DNA podem ser feitos com base em um pequeno fragmento de pele, cabelo ou unha, ou, ainda, em uma gota de sangue. Não é, portanto, uma característica estranha, excepcional.

Torna-se fundamental que se entenda como essa propriedade se aplica à gestão organizacional. O todo presente em cada parte significa, nesse caso, que as políticas, os valores, a missão e todas as demais características diferenciadoras de determinada organização devem estar claramente refletidas em todos os seus setores e em todos os seus colaboradores. Ninguém deve se perceber apenas como ocupante de um cargo ou lotado em um setor. Todos devem entender que são, antes de mais nada, membros da organização, e devem comprometer-se com os resultados globais dela.

> **COMENTÁRIO**
>
> Não apenas a figura holográfica serve de inspiração a esse modelo. O cérebro humano também apresenta uma série de características que, como demonstram pesquisas recentes, podem servir de base à estruturação de modelos de gestão mais adequados à grande complexidade que caracteriza a ambiência organizacional contemporânea. Uma dessas características é o fato de que cada neurônio conecta-se a milhares de outros. Nos modelos de inspiração mecânica, as conexões entre as partes tendem a ser mais restritas. Em uma máquina, as peças que a compõem não se ligam a um número muito grande de outras peças. Em consequência, os modelos de gestão que seguem essa inspiração mecânica tendem a privilegiar relações restritas entre as partes.

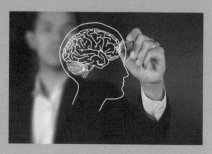

Ao garantir a interligação das partes, aumenta-se a coesão sistêmica, e a organização poderá se beneficiar de outra qualidade altamente desejável: a capacidade que cada colaborador pode desenvolver de, sem deixar de ser especializado em determinada atividade, possuir uma visão ampla do todo e poder agir de modo generalista, quando necessário. A rica condutividade que caracteriza o cérebro permite uma atenção multiorientada em que, por exemplo, uma pessoa é capaz de reagir a diversos estímulos ao mesmo tempo. As organizações também precisam focar diferentes necessidades e interesses concomitantemente. Não se pode adotar uma visão excludente, na qual, por exemplo, o foco no aumento da produtividade implique a redução do papel político desempenhado. As diversas faces de uma organização, em especial na área pública, precisam ser contempladas concomitantemente.

O cérebro também se caracteriza pelo fato de seu potencial de condutividade, e não seu tamanho, ser o fator preponderante na determinação de sua capacidade. E o fato de um animal ser maior do que o outro, tendo, portanto, um cérebro maior, não o faz mais inteligente. Trazendo essa característica para o campo da gestão, pode-se concluir que uma organização não precisa ser enorme para ser eficiente. Não é o tamanho que determina sua capacidade de cumprir sua missão e sim a condutividade percebida entre suas partes, ou seja, a comunicação, a integração. O cérebro consegue trabalhar de maneira probabilística e não apenas determinística. Da mesma forma, os sistemas decisórios das organizações precisam estar aparelhados para oferecer soluções diversificadas e conviver com a incerteza.

Sabe-se que uma pessoa criativa é aquela que possui uma capacidade cerebral não utilizada, pois, se o cérebro estiver todo comprometido com o gerenciamento das atividades cotidianas, não haverá como ser criativo. No campo da gestão organizacional, proliferaram, nas duas últimas décadas, propostas radicais de redução de tamanho, de "enxugamento das gorduras", com cortes e demissões de colaboradores. Muitas organizações que passaram por processos desse tipo (reengenharia, *downsizing* e similares) perderam a capacidade de inovação e ficaram restritas à reprodução do que já faziam, pela absoluta exaustão de pessoas e sistemas, sobrecarregados após os cortes.

A adoção do modelo holográfico implica, portanto, uma completa redefinição das bases de um pensamento administrativo tradicionalmente adotado. No lugar da padronização, da repetição e da passividade que, entre outras características, são marcas dos modelos tradicionais, mecânicos, novas bases são propostas, inspiradas pelas características do cérebro.

O modelo holográfico privilegia a inteligência, o questionamento e a criatividade. A implantação de arranjos organizacionais com essa inspiração pode contribuir especialmente para o sucesso das organizações contemporâneas frente a diversas demandas, como a manutenção de arranjos mais flexíveis, conforme destacado na próxima subseção.

Flexibilidade organizacional

Entre as características mais marcantes da época atual, destacam-se a complexidade, a incerteza e a diversidade. A complexidade pode ser facilmente percebida nas mais diferentes dimensões da vida social. Antigos problemas se agravaram, como a escassez de recursos e a incapacidade do Estado de prover serviços adequados à sociedade. Outros novos surgiram, por exemplo, o rearranjo econômico mundial provocado pela globalização e a queda de barreiras alfandegárias. Nenhum modelo de gestão, público ou privado, pode desconsiderar que há muito mais dificuldades hoje do que em épocas anteriores. A despeito da grande disponibilidade de recursos tecnológicos avançados, que auxiliam no enfrentamento dos desafios, é comum um sentimento de impotência dos gestores diante da grande complexidade atual.

A incerteza é claramente percebida na incapacidade crescente de se prever o que está por acontecer e, tanto no campo econômico como no político e social, muitos dos principais fenômenos ocorridos nos últimos anos não foram previstos nem pelos mais atentos analistas. Paulo Motta definiu com muita propriedade essa situação quando afirmou que "ser dirigente é como reger uma orquestra onde as partituras mudam a todo instante e os músicos têm liberdade para marcar seu próprio compasso" (Motta, 2001:36). De acordo com essa percepção, manifestada por Motta, a visão tradicional das organizações, entendidas como previsíveis e controláveis, não corresponde mais à realidade. Como ele próprio enfatiza, não quer dizer que não se devam valorizar o planejamento e os aspectos racionais da gestão; o que não se pode é desconsiderar que, além do lado racional e científico, as organizações caracterizam-se por possuir aspectos que se aproximam do ilógico e que não podem ser previstos ou controlados.

A terceira característica citada, a diversidade, pode ser facilmente percebida na despadronização que caracteriza a sociedade atual. Não apenas são diversas as características culturais e comportamentais das pessoas, como são também distintas suas necessidades e expectativas. Na área privada, nota-se uma forte busca de despadronização de produtos e serviços, de modo a adaptá-los às características dos diferentes grupos de clientes. Na área pública, faz-se necessária, igualmente, a criação de políticas e serviços públicos capazes de contemplar a diversidade de interesses e necessidades. Diante dessas características, é indispensável a busca por maior flexibilidade nos modelos de gestão organizacional. A rigidez que marca os modelos tradicionais dificulta sobremodo a adaptação às necessidades geradas pela ambiência social contemporânea.

A teoria da complexidade, difundida pelo sociólogo francês Edgar Morin, demonstra a importância de que sejam revistos alguns valores com relação à cultura gerencial. A ênfase exagerada no controle e na previsibilidade é uma dessas manifestações. Os gestores tentam, muitas vezes, reduzir a ansiedade que a incerteza provoca construindo sistemas ilusórios de controle, e acreditam que possuem domínio sobre os principais fatos que afetam seu desempenho profissional e o sucesso de seus setores de trabalho. Na verdade, porém, grande parte do que parece estar sob controle tem comportamentos imprevisíveis e mutáveis (Morin, 1999).[2]

> **EDGAR MORIN**
>
> Pesquisador emérito do Centre National de la Recherche Scientifique (CNRS), é considerado um dos pensadores mais importantes dos séculos XX e XXI. Formado em direito, história e geografia, realizou estudos em filosofia, sociologia e epistemologia, sendo um dos principais pensadores sobre a complexidade. Durante a II Guerra Mundial, participou da Resistência Francesa. Autor de mais de 30 livros, entre eles, *O método*, *Introdução ao pensamento complexo*, *Ciência com consciência* e *Os sete saberes necessários para a educação do futuro*.[2]

Vergara (2007) destaca que as características do mundo contemporâneo costumam interpenetrar-se, constituindo, assim, uma complexa teia. As relações tradicionais de causa e efeito bem-delineados não conseguem captar a complexa relação estabelecida entre diversos fenômenos que, ao mesmo tempo que se contradizem, se reforçam, em que a interdependência se sobrepõe a relações de dependência simples. Diante de tudo isso, cresce a importância da flexibilidade, aqui entendida como a capacidade que a organização precisa adquirir de se adaptar e se integrar com o meio ambiente no qual está inserida. Vale lembrar que, no jargão administrativo, meio ambiente designa tudo o que está fora da organização (fatores econômicos, políticos, sociais, legais e tecnológicos) e não apenas a ecologia, sentido popularmente dado a "meio ambiente".

Ser flexível implica, necessariamente, contar com um excelente sistema de informações. Somente quando a organização é capaz de perceber (de preferência de forma antecipatória) o que está ocorrendo no ambiente externo, é possível o oferecimento de respostas rápidas, a adoção de novos padrões de ação e o oferecimento de serviços diferenciados – características básicas da gestão flexível. E, nesse sentido, a flexibilidade não deve ser confundida com ausência de critérios ou frouxidão de controle. Quando mal-empregada, a flexibilidade pode se transformar em casuísmo, envolvendo a quebra de princípios e o desrespeito a normas e regulamentos. Como disse Hipócrates, a diferença entre o remédio e o veneno é a dose. Por trás de propostas de flexibilização dos modelos de gestão pública podem se esconder interesses escusos de favorecimento indevido de determinados grupos sociais ou pessoas. A flexibilidade precisa, portanto, ser acompanhada, na área pública, de transparência e de muita prudência.

---

[2] Em http://www.edgarmorin.org.br/vida.php?jl=link&l=2#. Acesso em 2 abr. 2013.

> **HIPÓCRATES**
>
> Nascido na ilha de Cós, em 460 a.C., morreu em Larissa, na Tessália, em 380 a.C. É considerado o maior médico da Grécia Antiga e possivelmente quem mais influenciou a medicina ocidental. Recebe por isso, desde a Antiguidade, o título de "pai da medicina". Segundo a tradição, seu método prescindia de análises supersticiosas, lançando as bases para o desenvolvimento do diagnóstico, do prognóstico e do tratamento científico. Propunha, em resumo, uma observação rigorosa do doente, a análise racional dos fatos clínicos e a correlação escrupulosa entre causas e efeitos.

Outra necessidade fundamental para a aquisição de maior flexibilidade é a incorporação da visão sistêmica. Na abordagem que percebe as organizações como sistemas abertos, fica clara a importância da constante adaptação às mudanças ambientais. As organizações, para se manterem sólidas e úteis à sociedade, precisam entender que estão inseridas em determinado contexto social e reagir às mudanças nele observadas, as quais, como já destacado, são cada vez mais constantes e profundas.

Capítulo 3

Visão sistêmica e modelagem de processos de trabalho

Neste capítulo, veremos a importância de a organização ser percebida como um conjunto de processos de trabalho direcionados para o alcance de determinadas finalidades e vinculados ao ambiente em que está inserida, com seus aspectos sociais, culturais, políticos e econômicos. Para tanto, apresentaremos a teoria sistêmica, destacando seus principais postulados e como a aquisição de uma percepção das organizações como sistemas abertos impacta a gestão organizacional. Trataremos do mapeamento dos processos de trabalho em suas diferentes etapas e da modelagem de processos de trabalho. Para finalizar, destacaremos algumas características da época atual, também conhecida como a "era das incertezas".

Visão sistêmica

A teoria administrativa se firma com base na evolução histórica, nos marcos significativos de mudança e por temas que privilegiam uma linguagem característica de um momento. As abordagens do início do século XX voltadas para a preocupação com questões internas e de produtividade configuraram a escola clássica e a escola das relações humanas. A primeira investiu nos estudos de racionalização da produção e nos métodos de trabalho. Já a segunda privilegiou a visão social do homem e levantou a problemática da melhoria do ambiente físico de produção e o apoio psicológico ao colaborador. Ambas estavam orientadas pela crença na maximização dos resultados e da produtividade. O maior objetivo nesse momento seria o de viabilizar a produção em massa pela estratégia da padronização e do método de produção.

> **TEORIA GERAL DOS SISTEMAS**
>
> Teoria desenvolvida inicialmente no campo da biologia e depois adaptada para outras áreas do saber, dando origem, na administração, à abordagem sistêmica. O pressuposto fundamental dessa teoria é que nenhum ser vivo sobrevive se não estiver bem integrado ao ecossistema no qual está inserido, mantendo um adequado e constante fluxo de trocas com o meio ambiente.

A escola sistêmica da administração, em meados do século XX, ancorou seus pressupostos na teoria geral de sistemas, formulada pelo biólogo alemão Ludwig von Bertalanffy, que influenciou diversos ramos da ciência, inclusive a administração.

> **KARL LUDWIG VON BERTALANFFY**
>
> Criador da teoria geral dos sistemas. Graduado em biologia, interessou-se desde cedo pelos organismos e problemas do crescimento. Seus trabalhos iniciais datam dos anos 1920 e são sobre a abordagem orgânica. Com efeito, não concordava com a visão cartesiana do universo. Imprimiu, então, uma abordagem orgânica na biologia e tentou fazer com que aceitassem a ideia de que o organismo é um todo maior que a soma de suas partes. Criticou a visão de que o mundo é dividido em diferentes áreas, como física, química, biologia, psicologia etc. Ao contrário, sugeria que se deve estudar sistemas globalmente, de forma a envolver todas as suas interdependências, pois cada um dos elementos, ao serem reunidos na constituição de uma unidade funcional maior, desenvolvem qualidades que não se encontram em seus componentes isolados.

A escola dos sistemas abertos pretendeu ser uma referência teórica única e válida para todos os tipos de sistemas. Essa vertente entende a organização como um sistema social. Para Motta (2001), suas principais ideias e estudos tratam das relações entre a organização e seu ambiente externo. Dessa concepção decorre a formulação da organização como sistema sociotécnico, ou seja, a organização composta pelo subsistema social, orientado por normas, aspirações e valores, e pelo subsistema técnico, detentor da capacidade de transformação de insumos em produtos/serviços. Os dois subsistemas interagem com o ambiente que provê a demanda e os recursos necessários ao seu funcionamento.

A teoria dos sistemas abertos entende a produção como uma dinâmica de fluxos de transformação. Essa forma de ver a organização pode parecer simples demais se considerarmos a complexidade crescente dos sistemas produtivos, mas essa aparente simplicidade é muito útil para o entendimento dos processos de trabalho. Daniel Katz e Robert Kahn (1992) definiram os principais elementos da organização como fluxo de produção de bens e serviços:

- *importação (entradas)*: a organização não é autossuficiente, necessitando receber insumos do ambiente para funcionar;
- *transformação (processamento)*: como todo sistema aberto, a organização reorganiza as entradas, transforma os insumos em produtos acabados ou serviços;
- *exportação (saídas)*: a organização exporta produtos e serviços para o meio ambiente;

- *ciclos de eventos*: o funcionamento da organização consiste em ciclos decorrentes da importação-transformação-exportação;
- *entropia negativa*: a organização procura fugir ao esgotamento, à morte (este ponto será abordado com mais detalhes num dos próximos tópicos);
- *informação como insumo, retroação negativa e processo de decodificação*: além dos insumos que são transformados em produtos e serviços, a organização recebe entradas de caráter informativo sobre o ambiente e sobre seu próprio funcionamento em relação a ele; esse processo, denominado feedback, é de extrema importância para o bom desempenho organizacional;
- *estado firme e homeostase dinâmica*: a organização precisa equilibrar a necessária adaptabilidade às mudanças ambientais com a preservação de alguns condicionantes internos constantes (este ponto também será abordado com mais detalhes num dos próximos tópicos);
- *diferenciação*: como todo sistema aberto, a organização tende à diferenciação, ou seja, à substituição dos padrões difusos e globais por funções mais especializadas, hierarquizadas e diferenciadas;
- *equifinalidade*: de acordo com esse princípio, um sistema pode alcançar, por uma variedade de caminhos, o mesmo estado final, partindo de diferentes condições iniciais; existe mais de um modo para se alcançar um determinado resultado, mais de um meio para a consecução de um objetivo;
- *limites ou fronteiras*: sendo um sistema aberto, a organização possui limites ou fronteiras que delimitam seu espaço interno em relação ao ambiente, bem como definem sua esfera de ação e seu grau de abertura, de receptividade em relação ao meio ambiente.

A dinâmica de sistemas tende à diferenciação, ou seja, admite certa fragmentação na produção, a criação de novos papéis e novas funções. Além disso, a visão sistêmica permite uma decomposição do sistema a partir de um foco de análise e, assim, a organização pode ser entendida como sistema, subsistema ou macrossistema. Kwasnicka (1995) aponta cinco subsistemas como fundamentais para o bom funcionamento de qualquer organização, e cada um deles pode ser composto por diversos órgãos, conforme a estrutura organizacional:

Subsistema sensor

Tem como função básica medir as variações internas e externas do sistema. Estão afetas a este subsistema as atividades de pesquisa e levantamento de informações, consideradas de fundamental importância para a orientação das ações organizacionais. Uma organização que não possua um bom subsistema sensor pode ficar defasada em relação às necessidades da sociedade ou inadequada às expectativas e características dos seus membros, sua estrutura e seus processos.

Subsistema de processamento de informações

Uma das principais necessidades de qualquer organização contemporânea é desenvolver a capacidade de analisar as informações que recebe, já que, atualmente, as informações são disponibilizadas o tempo todo, pelos mais diversos meios, em quantidades e variedade crescentes. A evolução da informática permite uma capacidade quase infinita de adquirir e armazenar informações, porém é preciso que se saiba selecionar os tipos de informação que são efetivamente importantes, evitando-se o desperdício, comum em praticamente todas as organizações, de coletar informações virtualmente inúteis ou pouco relevantes, deixando de lado outras mais importantes.

Subsistema de tomada de decisões

Tem como incumbência, tomando como base as expectativas e as necessidades levantadas pelo sistema sensor e os subsídios oferecidos pelo subsistema de processamento de informações, orientar as decisões necessárias ao bom funcionamento da organização. Vale destacar, novamente, que um subsistema não é sinônimo de um órgão, não sendo necessária, nem recomendável, a alocação exclusiva da função decisória nos órgãos hierarquicamente mais elevados. Embora algumas decisões possam depender de aprovação de instâncias superiores, é recomendável que todos os escalões de uma organização sejam convidados a participar ativamente dos processos decisórios. A gestão participativa representa, sem dúvida, uma das estratégias mais recomendáveis para o comprometimento dos membros de uma organização com os objetivos organizacionais e para a elevação dos níveis de eficiência e eficácia.

Subsistema executivo

Utiliza informações, energia e materiais para executar as tarefas organizacionais e coloca em prática as decisões tomadas. É o subsistema que faz a organização funcionar, que justifica sua existência e faz cumprir os papéis que lhe competem. Uma disfunção observada em diversas organizações e que precisa ser combatida é a atrofia deste sistema em relação aos demais, com as atividades-meio sobrepondo-se em importância às atividades-fim.

Subsistema de controle

Compete a este subsistema acompanhar as atividades desenvolvidas pela organização, monitorando o grau de desempenho alcançado, verificando o cumprimento das normas e regulamentos aplicáveis e fornecendo subsídios ao subsistema de tomada de decisões. Dois cuidados básicos se fazem necessários na gestão dos sistemas de controle: não deixar que fiquem superdimensionados, sugando grande volume de recursos para resultados pouco compensatórios, e garantir que sejam incorporados também dados qualitativos, tendo em vista que muitos dos aspectos essenciais ao bom funcionamento de uma organização não podem ser traduzidos em números.

A percepção da existência dos subsistemas deve levar à adoção de uma abordagem mais integrada da organização, rompendo com a visão fragmentada dos processos administrativos. No lugar de perceber cada setor como uma entidade isolada, os diversos órgãos precisam ser vistos como partes de um sistema maior.

COMENTÁRIO

Todos os organismos vivos possuem um mecanismo que garante a manutenção de algumas condições internas que não podem variar em função das mudanças externas. Um dos exemplos mais claros de sistema homeostático é o controle de temperatura que o corpo humano possui, e que se mantém independentemente da temperatura externa, seja em ambiente atmosférico frio ou quente. Da mesma forma que uma pessoa não sobreviveria se a temperatura de seu corpo caísse ou se elevasse abruptamente, uma organização precisa defender-se contra as variações ambientais abruptas em alguns aspectos básicos.

No campo da gestão privada, por exemplo, uma empresa possui, entre outros fatores que precisam ser monitorados por mecanismos homeostáticos, um volume mínimo de recursos financeiros que precisa obter com a comercialização de seus produtos e serviços para que não venha a falir. Assim, quando o mercado se mostra retraído e o volume de negócios cai abaixo de certo limite, são adotadas políticas de promoções para aquecer a demanda. Já as organizações públicas se mostram especialmente sujeitas a sofrer as consequências de mudanças externas abruptas, considerando-se a descontinuidade das políticas públicas que têm marcado nosso país. Faz-se necessária a construção de uma espécie de sistema de amortecimento dos impactos dessas variações sobre o ambiente organizacional interno, e são bastante notórios os problemas que a falta de tais mecanismos tem ocasionado na maioria das organizações públicas.

A busca da homeostase não pode se transformar em rigidez organizacional. Se por um lado a organização não pode ficar completamente ao sabor das alterações observadas nos condicionantes externos, por outro não pode deixar de absorver as consequências dos mesmos, adaptando-se às exigências das novas configurações sociais. Os mecanismos de defesa mencionados no parágrafo anterior não podem ser extremados e generalizados, de maneira corporativista, pois tal postura determina, quando ocorre, a esclerose organizacional, deixando-se de lado as características de funcionamento de um sistema aberto. Assim, juntamente com a homeostase, outro valor sistêmico precisa ser incorporado pelas organizações: a busca da estabilidade dinâmica. A palavra estabilidade costuma ser associada à estática, à imobilidade. Dinamismo, por sua vez, possui uma conotação positiva, de algo inovador, pujante. Todavia, quando não é bem-administrado, o dinamismo pode assumir a forma de um ativismo inconsequente, da ação dissociada de uma reflexão adequada e associada a um grau de risco elevado. Muitas vezes observamos a mudança pela mudança, ou seja, programas de mudança organizacional preocupados em promover ações de impacto, que geram transformações abruptas e precipitadas. O equilíbrio entre o dinamismo e a estabilidade favorece a evolução consciente das organizações e deve ser buscado pelos seus gestores.

Entropia

A entropia é a tendência ao desgaste e ao desaparecimento, aspectos inerentes a todo organismo vivo, e as organizações, quando percebidas de maneira análoga aos organismos vivos, também sofrem as consequências da entropia. Porém, ao contrário do que ocorre com os sistemas biológicos, nos sistemas organizacionais a morte, ou seja, o encerramento das atividades, pode não apenas ser postergada como evitada, desde que sejam tomadas as devidas precauções, ou seja, implantados mecanismos que possibilitem o fomento da entropia negativa. As organizações passam pelas quatro fases básicas observadas ao longo da vida de um sistema biológico, a saber (Ferreira e colaboradores, 2009):

Nascimento
Assim como um bebê recém-nascido, uma organização recém-criada costuma receber uma boa dose de atenção por parte de seus "pais". Quando, por exemplo, um governante cria uma nova organização pública, está buscando responder a alguma necessidade que considere relevante e, por isso, procura dotar sua criação dos recursos e do apoio necessários ao seu funcionamento. Tal como a primeira infância, esse é um momento que exige determinados cuidados, mas traz muitas recompensas e oferece boas oportunidades. A motivação dos membros de uma nova organização costuma ser elevada, e os processos fluem com mais facilidade.

Crescimento
A atuação de uma nova organização, oferecendo à sociedade seus produtos e serviços, costuma gerar novas demandas ou um aumento naquelas já existentes. Como consequência, a organização tende a crescer, ampliando a gama e/ou o volume dos serviços prestados. Esse crescimento pode ser altamente salutar, potencializando a capacidade de ação organizacional. Pode, porém, por outro lado, representar uma espécie de inchamento, com a incorporação de um número excessivo de funções e

atividades-meio. Nesta fase são fortalecidos os sistemas de controle administrativo e instituídos mais claramente os mecanismos burocráticos.

Maturidade

Uma vez alcançado um patamar mais elevado de desenvolvimento, a organização costuma acomodar-se com o mesmo, passando a adotar posições mais conservadoras. Os controles administrativos podem, nesse momento, ficar superdimensionados, e os mecanismos burocráticos, atravancar as decisões. Há, a partir daí, uma perda de foco na missão da organização, com consequências obviamente nocivas.

Declínio

A inflexibilidade, o superdimensionamento das atividades-meio e a perda de foco na missão não tardam a determinar o declínio da organização. É nesse momento que ocorre a "morte" da mesma, com o encerramento de suas atividades, uma vez que se tornou pouco útil à sociedade, incapaz de responder às demandas para as quais foi criada.

Um sistema biológico encerra o ciclo de vida com a morte, que resulta do processo de declínio. Já os sistemas organizacionais podem superar as dificuldades observadas na fase do declínio, entrando numa quinta fase: a renovação.

Na fase de renovação ocorrem as mudanças planejadas e as restruturações que visam combater a excessiva rigidez adquirida na fase de maturidade. A organização procura resgatar o foco em sua missão, redefinindo suas prioridades de ação e seus mecanismos burocráticos e, quando esse processo é conduzido de maneira adequada, observam-se um fortalecimento institucional e o resgate do papel social da organização.

Faz-se necessário estabelecer a diferenciação entre a revigoração organizacional, obtida através de processos eficazes de mudança, e a simples permanência em atividade de organizações ultrapassadas. Enquanto no setor privado uma empresa nessa condição encontra, em condições normais, a falência, no setor público pode ser mantida funcionando a despeito de seus problemas ou mesmo inutilidade social. É uma espécie de "sobrevida" artificial, que impõe elevados ônus à sociedade. Nas condições atuais, de grande integração entre o setor privado e o Estado e de pouca transparência do setor financeiro, também empresas privadas são mantidas artificialmente. Tais empresas, em estado falimentar, recorrem a créditos públicos que afinal não são saldados (usinas do Nordeste e fazendas no Centro-Oeste, por exemplo) ou recebem auxílios a título de saneamento financeiro (bancos, por exemplo) que as mantêm vivas.

> **COMENTÁRIO**
>
> A abordagem sistêmica ganhou grande prestígio nas últimas décadas, sendo considerada a forma mais adequada de se perceber as organizações e os processos produtivos. Como todas as teorias e modelos administrativos, possui limitações, como fica claro, por exemplo, nos dilemas apontados por Katz e Kahn, já destacados. Essa abordagem representa, todavia, uma evolução em relação aos modelos de gestão mecanicistas e reducionistas anteriormente conhecidos. Partindo da visão sistêmica, pode-se entender melhor a interdependência dos processos administrativos.

Mapeamento de processos de trabalho

O mapeamento de processos de trabalho guarda estreita afinidade com a dinâmica de sistema. Nesse sentido, a gestão por processos define a organização como um fluxo de transformação que responde às demandas do ambiente, onde fornecedores, clientes e intervenientes integram o processo de produção. Como já foi dito, essa visão parece simples demais, mas numa leitura mais apurada e mais contemporânea os pressupostos da análise de processos trazem à tona questões importantes, tais como o alinhamento às estratégias, o imperativo da agregação de valor, o foco no cliente e na melhoria contínua dos processos como forma de alcance da excelência organizacional. Todos esses pressupostos têm sido aplicados ao setor público com vantagens e respeito às especificidades da área pública. Diversas tecnologias de gestão contemporânea focalizam os processos como um recurso para a análise organizacional, como é o caso da filosofia da qualidade, da reengenharia, da análise de riscos operacionais, do conceito de sustentabilidade e da gestão por resultados, por exemplo. A melhoria dos processos é vista, hoje, como decisão estratégica, como processo de mudança e forma de transferir valor para o ambiente.

> **CONCEITO-CHAVE**
>
> O conceito de processo apresenta uma convergência de opiniões entre os autores e está, de um modo geral, associado à ideia de fluxo numa dinâmica sistêmica de entrada, processamento e saída. Para Hammer e Champy (1993), o processo representa um grupo de atividades efetuadas logicamente e produz bens ou serviços de valor para o cliente.
> Macedo-Soares (1996:7) utiliza uma definição aplicada pela Xerox Corporation, segundo a qual "um processo é uma sequência integrada de atividades que começa na percepção das necessidades dos clientes externos e internos e termina com o atendimento/superação de suas expectativas, agregando valor ao seu próprio negócio".
> Para Juran (1992), o processo é uma série de ações sequenciais, interligadas e interdependentes, direcionadas a uma meta.
> Gonçalves (2000) sugere o processo como qualquer conjunto de atividade que utiliza insumos, adiciona valor e fornece um *output*. Porém, para o autor, essa ideia de processo como fluxo, com início e fim determinados, vem da engenharia e pode deixar de lado os processos que não têm fluxos preestabelecidos.

Os processos podem ser classificados em categorias, para facilitar o entendimento da natureza de cada um deles. Por exemplo, os processos operacionais respondem diretamente às demandas de clientes finais e são, na maioria das vezes, fáceis de ser identificados e desenhados. Os processos gerenciais possuem um peso tão grande quanto os processos operacionais, que produzem os bens e serviços, no desempenho da organização. Esses processos compõem uma categoria de análise que só é visível quando a organização é percebida como um todo integrado ao ambiente. Na literatura sobre processo, são várias as classificações existentes. Uma forma clássica e didática de abordar os processos é a classificação em três dimensões:

- *processos operacionais*: são aqueles que respondem às demandas dos clientes externos por bens ou serviços. São processos relacionados à atividade-fim da organização;
- *processos de apoio*: são processos de suporte aos processos operacionais e que respondem às expectativas internas da organização. Podemos citar, como exemplos, os processos relativos à gestão orçamentária e financeira, gestão de tecnologia e aquisições;
- *processos gerenciais*: referem-se à coordenação de atividades, ao monitoramento e à avaliação, estabelecimento e manutenção de infraestrutura de relacionamentos, definição de diretrizes e políticas.

Os processos operacionais são de fácil visualização, enquanto os processos que caracterizam o estilo gerencial da organização são difíceis de ser visualizados e mapeados por que não possuem sequência clara e lógica de atividades. Os processos de apoio funcionam como prestadores de serviços para os processos operacionais e podem ser analisados como se fossem uma organização em si. Gonçalves (2000) utiliza uma classificação semelhante, que está associada a uma tipologia:

- *processos de negócio*: são os processos de produção física de bem e serviços. Os processos de negócio possuem fluxos físicos e lógicos de transformação de insumos em bens e serviços – por demanda dos clientes ou destinados à oferta para interessados;
- *processos organizacionais*: são os processos de apoio aos processos de produção e possuem características burocráticas, comportamentais e de mudança. São fluxos lógicos de trabalho.
- *processos gerenciais*: são processos de suporte para a organização. Podem ser enquadrados em três tipos: direcionamento, negociação e monitorização. São fluxos de informação com orientação vertical.

O mapeamento dos processos de uma organização representa um dos primeiros passos a ser dado no sentido de entender e interferir na forma de agregar valor. Como um mecanismo gerencial, o mapeamento permite construir uma visão abstrata da organização na dimensão macro e uma visão concreta da organização na dimensão micro, demonstrando a ação organizacional em várias dimensões de análise. A dimensão macro demonstra como a organização cumpre a missão, como operacionaliza as estratégias e agrega valor ao ambiente externo e interno. Já a dimensão micro explicita os fluxos diários de trabalho para responder às demandas de clientes e intervenientes, seguindo uma estratégia de ação que utiliza regras, recursos e competências para a ação.

Em análise de processos o termo agregar valor significa a competência para produzir utilidades reais para a sociedade, ou ambiente interno e externo à organização. Esse termo é associado à satisfação generalizada com os bens/serviços entregues aos beneficiários da organização. A satisfação generalizada responde às expectativas de todos os intervenientes do processo de produção, relacionadas à inovação, à redução de custos, à rapidez do atendimento de necessidades, mais recentemente, aos imperativos de consciência ecológica e condições de sustentabilidade organizacional. A satisfação com a produção deve atender a esse requisito.

> **DICA**
>
> Existem vários métodos de modelagem dos processos, e o mais tradicional está orientado aos princípios clássicos da administração e se baseia nas técnicas de organização e métodos, focalizando a análise sobre um procedimento isolado, tentando entender as tarefas que devem ser executadas pelas pessoas para produzir. Nesse caso, o mapeamento é conduzido de baixo para cima.

Os métodos de mapeamento contemporâneos se orientam em parte pela visão sistêmica quando essa pressupõe a construção de uma visão holística da produção. Além disso, os mapeamentos permitem inferir o quanto a organização ao agir está sujeita a incertezas e, portanto, se aproximam das abordagens contingenciais. A lógica utilizada para o mapeamento da organização é composta por um conjunto de processos encadeados, que podem ser executados por pessoas ou por artefatos de produção. Aqui, a visão sistêmica aporta o raciocínio para a interpretação das interdependências existentes tanto no encadeamento lógico de atividade quanto nas relações entre fornecedores de insumos e clientes que usam os insumos em seus processos de produção. Essa lógica está presente na concepção inicial de cadeia de suprimento, em que um processo produz e fornece o que o outro precisa desde a obtenção da matéria-prima até a realização do produto ou serviço final. A técnica de modelagem dos processos nessa abordagem decompõe a organização em camadas de detalhamento ou perfis de visibilidade do trabalho efetuado, a partir de uma concepção macro que se desdobra em níveis mais detalhados até alcançar o entendimento dos fluxos diários de atividades. Essa abordagem parte de cima para baixo, ou seja, parte de concepção macro e evolui na direção da realização dos bens e serviços na dimensão micro (das tarefas envolvidas na produção). Essa técnica garante que os bens e serviços produzidos estão rigorosamente associados à formulação estratégica da missão organizacional. Cada camada de visualização dos processos possui diagramas e simbologia próprios, que permitem representar graficamente o que a organização faz e qual a lógica de execução do trabalho. Os diagramas e símbolos são recursos de linguagem e comunicação que são especificados em uma convenção definida pela organização. O mapeamento representa, então, uma linguagem para a comunicação para que todos entendam o que é feito na organização para agregar valor à sociedade, assim, o desenho construído no mapeamento deve ser compartilhado por todos tanto para compreensão da ação organizacional quanto na busca por melhorias dessa mesma forma de ação.

O número de camadas de detalhamento de um mapeamento de processos depende da complexidade e do entendimento que os modeladores possuem e são capazes de representar graficamente. De um modo geral, o mapeamento se compõe de dois grandes blocos de diagrama.

O primeiro bloco diz respeito à construção da visão macro. Normalmente são duas ou três camadas de mapeamento. Essa prática de mapeamento tem sido incentivada e adaptada para o serviço público a partir dos exercícios de construção do mapa estratégico conforme proposto por Kaplan e Norton (1997). Esses autores sugerem que processos internos sejam tratados como perspectiva da estratégica organizacional. Assim, o que se declara na missão é transformado em ação pelos processos de trabalho, que são gerenciados por indicadores de desempenho. Alinhamento significa coerência, sincronismo e ajuste impecável entre o que se declara e o que se faz. São recursos que designam a transparência, porque são capazes de explicitar o que se faz, como, com que critérios ou regras de execução, quais informações são requeridas e produzidas e por quais fontes. Esses são alguns dos insumos para a realização das propostas e objetivos estratégicos. Isso significa que as primeiras camadas enfatizam a visão do todo e não contêm toda a gama de informações necessárias, mas são capazes de expressar a natureza e o que é essencial para o cumprimento da missão. A primeira camada de detalhamento tem sido denominada cadeias de valor, porque mostra, em grandes linhas, como a organização entende a construção de seus produtos/serviços de forma estratégica, capaz de transferir valor para a sociedade. O detalhamento é obtido gradativamente e sob controle nas camadas seguintes.

O segundo bloco se refere aos fluxos de trabalho, que representam graficamente a rotina diária de produção e gestão. Os fluxos são sequências lógicas de atividades, motivadas por eventos acionadores. Por exemplo, o evento que determina o início de um processo de licitação é uma solicitação formalizada por alguma área. A partir desse evento, várias atividades encadeadas logicamente segundo as regras estipuladas na legislação precisam ser empreendidas até que a satisfação do cliente com o atendimento a sua demanda seja constatada.

A vantagem da visualização em camadas reside na clareza que pode ser dada ao mapeamento e ao controle sobre a coerência lógica entre as camadas. O objetivo dessa decomposição é o entendimento da organização como um todo e a aderência entre as visões macro e micro. A visão de macroprocessos permite submeter a estratégia à crítica e à contribuição de melhoria por um rico mecanismo de feedback. A visão micro dos fluxos questiona continuamente a validade de regras, informações, lógica de execução e consistência da atividade, ou seja, se a atividade é capaz de produzir valor.

O trabalho de mapeamento de processos em camada deve partir do entendimento da estratégia, sugerindo, para tanto, uma contextualização – etapa essa na qual os modeladores dos processos devem levantar as perspectivas estratégicas globais e setoriais, ou seja, entender o significado da missão, valores e visão de futuro. A história da organização também se configura em grande recurso para os modeladores, que podem inferir sobre a cultura, os regimes de mudanças já empreendidos, as referências às lideranças e os impactos políticos, assim como, nas expectativas de futuro, aos desejos e críticas dos grupos gestores. Com base nessa contextualização, os modeladores podem iniciar o desenho das camadas:

Camada 1 – Cadeia de valor da organização
Conjunto de macroprocessos que fazem com que a organização cumpra sua missão institucional.

Camada 2 – Cadeia de valor de cada macroprocesso
Conjunto de processos que fazem com que cada macroprocesso cumpra seus objetivos específicos.

Camada 3 – Fluxo de atividades
Conjunto de atividades que compõem cada processo existente num macroprocesso.

Camada 4 – Insumos necessários
Conjunto de insumos necessários para que cada atividade de um processo realize a transformação de insumos em produtos/serviços. Conjunto de produtos/serviços construídos em cada atividade. Clientes/usuários dos produtos/serviços construídos.

Primeira camada – Mapeamento da cadeia de valor

A cadeia de valor é o mapa lógico do conjunto de macroprocessos que garantem que a organização é capaz de agregar utilidade em cada etapa da produção de bens ou serviços. Ela constrói a relação de interdependência entre macroprocessos na entrega de produtos/serviços. Portanto, cria a lógica das trocas de insumos entre macroprocessos, concretizando relações entre macroprocessos fornecedores e macroprocessos clientes. Foi assim que a filosofia da qualidade total concebeu a imagem de que sempre existem fornecedores e clientes numa dinâmica de produção, pensamento que tem origem na cadeia de suprimento nos processos de logística. A cadeia de valor pode ser entendida, também, como caminho crítico para a excelência organizacional. A excelência focaliza a busca constante de melhoria da cadeia de valor e as garantias de acerto na execução do trabalho em sua primeira tentativa. Isso significa que as ineficiências do projeto produtivo não serão repassadas para o beneficiário final. Ao término da cadeia lógica de produção, o beneficiário receberá somente o valor agregado.

> **CONCEITO-CHAVE**
>
> O trabalho de Porter (1991) conceituou cadeia de valor como um conjunto de atividades econômicas inter-relacionadas que criam valor para o cliente e resultam em melhores margens de ganho e competitividade da organização. Para Porter, ela é fonte de vantagem competitiva e esse conceito tem sido adaptado para o mapeamento de processos considerando que a cadeia de valor operacionaliza as estratégias e promove a missão da organização, em substituição à ideia original do autor, voltada para o aumento das margens de lucratividade. O trabalho de Porter foi concebido para a indústria, mas a adaptação de sua cadeia de valor econômico permitiu generalizar o uso para a análise de processos e para qualquer tipo de organização.

Outra importante contribuição para a concepção metodológica do mapeamento de processos é August-Wilhelm Scheer que, em parceria com outros autores e empresas, desenvolveu um arcabouço de análise de processos orientado à visualização estratégica à necessidade de redesenho utilizando tecnologia da informação (Scheer e colaboradores, 2002). Esse arcabouço, organizado em camadas de detalhamento, promove o gerenciamento dos processos e auxilia no alcance de metas de excelência. A cadeia de valor, nesse contexto, é uma representação lógica simplificada da realidade, que descreve o projeto de organização do trabalho para cumprir a missão segundo as diretrizes estratégicas.

Segunda camada – Cadeia de valor de cada macroprocesso

O macroprocesso se desdobra em um conjunto de processos, constituindo uma cadeia de valor decorrente da primeira, mas própria ao macroprocesso. Nessa segunda camada especificam-se os processos capazes de cumprir os objetivos de macroprocesso. A forma de construção e os diagramas são semelhantes tanto na cadeia de valor quanto nos macroprocessos.

Terceira camada – Processos/fluxos de trabalho

Os processos são representados em fluxogramas de atividades que respeitam uma rígida sequência lógica. Os fluxos alcançam maior detalhamento porque descrevem cada atividade do processo. Aqui, o conceito de atividade deve ser entendido como a transformação de insumos em produtos/serviços intermediários até a conclusão do processo, que resulta no produto final. Além da sequência de atividades, o mapeamento dos fluxos pode indicar outros fluxos com os quais o processo faz interface. Os fluxos podem ser decompostos em novas camadas para detalhar as atividades, os conjuntos de informação, as regras de execução.

Cadeia de valor – Camada 1

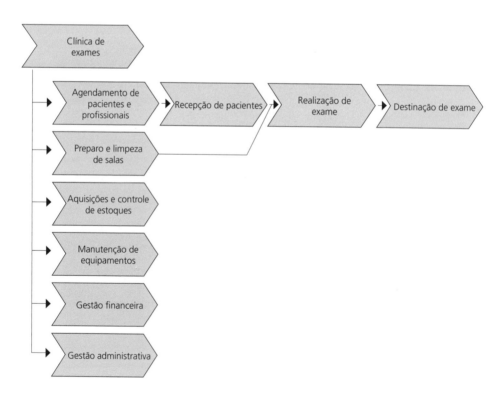

Macroprocesso – Camada 2

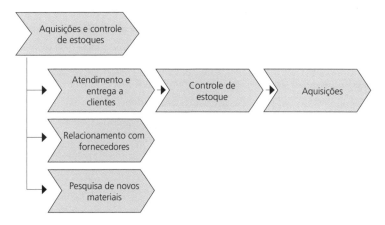

Processo – Camada 3 (controle de estoque)

Atenção: perceber o desdobramento das camadas.

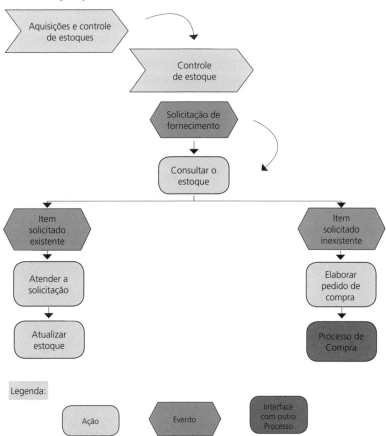

Redesenho e melhorias de processos

O redesenho de processos envolve a redefinição dos processos de trabalho, objetivando mudan*ças significativas*, e o uso de recursos de tecnologia. O redesenho também pode ocorrer em fun*ção* de uma mudança na estratégia e sua base é o mapeamento da situação vigente. O processo redesenhado dá origem a um plano de mudança, que orienta as ações de um projeto de melhoria, o qual deve ser empreendido com todos os cuidados necessários ao desenvolvimento e gerenciamento de projetos. A melhoria do processo também pode ser incremental e, nesta hipótese, não significa uma mudança profunda, com uso de tecnologia nova. A mudança incremental incide sobre a situação atual, promovendo aperfeiçoamento em curto prazo e se referindo a ações de melhoria percebidas pelos colaboradores na execução diária do trabalho. Normalmente, configura-se em pequenos projetos ou pequenas alterações em sistemas de informação.

A visão macro é menos suscetível às mudanças. Uma cadeia de valor precisaria ser redesenhada se as estratégias da organização ou se o uso de uma tecnologia nova alterasse a lógica de agrega*ção de valor*. No setor público, as mudanças na orientação de políticas públicas podem alterar significativamente uma cadeia de valor.

O mapeamento dos processos nas dimensões macro e micro se constitui em uma poderosa ferramenta de decisão, e é essa funcionalidade do mapeamento que fortalece a gestão por processo. O mapeamento desenvolve a percepção sobre as fragilidades e potencialidades dos processos e amplia a visão do funcionamento da organização. Com isso, permite tomar decisões sobre:

- *mudanças na estrutura organizacional*: a estrutura pode ser revista considerando a departamentalização por processos, em lugar da tradicional departamentalização por função administrativa. Por exemplo, no lugar do setor de compras implementar a área de gestão de contratos. Assim, modificam-se formas de distribuir trabalho e responsabilidade;

- *produtos e serviços*: ao focalizar a organização como um todo, o mapeamento permite alinhar estratégia com desenvolvimento de produtos e serviços. Com isso seria mais viável a análise dos produtos e serviços que devem ser descontinuados e quais devem ser criados;

- *risco*: o mapeamento permite entender o processo em termos dos riscos a que a organização se expõe. Por exemplo, o uso intensivo de recurso de tecnologia da informação exige o desenvolvimento de novos processos de segurança, de contingência etc.;

- *automação*: a tecnologia supre as necessidades do processo. Isso significa que é o processo que define as funcionalidades do sistema. Tecnologia pode modificar substancialmente o processo, desde que um projeto sério de redesenho seja empreendido. Nunca se deve adquirir ou encomendar um sistema automatizado sem antes discutir profundamente o processo de trabalho;

- *terceirização*: os processos garantem maior segurança à decisão de terceirizar. É com base nos processos que podemos identificar o que é possível terceirizar e como. Além disso, os processos auxiliam na especificação dos requisitos fundamentais para a elaboração do contrato de terceirização;
- *dimensionamento de custos*: a modelagem facilita a verificação dos custos das atividades que compõem o processo, em detrimento do custo apurado por unidades e áreas. A questão que se coloca nesse caso é quanto custa aplicar o processo para cada demanda de um cliente, e não quanto custa manter uma área;
- *dimensionamento de riscos ambientais*: a modelagem dos processos permite identificar os resultados danosos para o ambiente a partir do processamento de cada atividade prevista nos fluxos de trabalho. Da mesma forma, permite decidir sobre a redução dos impactos negativos, tais como: substituir insumos, máquinas, processos, tecnologia e produtos. Permite, ainda, criar critérios para medir e tratar os danos ambientais;
- *competências*: a modelagem de processos mostra quais habilidades, competências e atitudes são necessárias para execução dos processos. Assim, auxilia nas decisões de como contratar e como desenvolver as equipes de trabalho.

> **COMENTÁRIO**
>
> A época atual é marcada pelas mudanças, que ocorrem em intensidade e velocidade jamais vistas. A imprevisibilidade tem marcado de forma crescente os processos decisórios, fazendo com que os gestores necessitem aprender a conviver com a incerteza como algo inerente ao seu dia a dia. Não encontramos, no cotidiano, condições para agirmos sempre como decisores racionais, capazes de enfrentar os problemas que surgem com base nas técnicas tradicionais de análise e solução de problemas, sendo  necessário que estejamos preparados para a incerteza que decorre das mudanças em profundidade e velocidade características do tempo atual.
>
> A análise de processos contribui para a geração do conhecimento sobre a ação organizacional interna e suas relações com o ambiente. Como ferramental, ajuda a convergir produção e gestão, a racionalidade do projeto de organização com as ações gerenciais e relacionais que são difíceis de ser expressas por fluxos lógicos e mecanismos de trocas. Assim, auxilia a gerir incertezas e expectativas diferenciadas para muitas variáveis autônomas intervenientes do processo produtivo.

Para Motta (2002), a visão tradicional das organizações, vistas como racionais, controláveis e passíveis de ser uniformizadas, está cada vez mais distante da realidade caótica, imprevisível, que caracteriza, em muitos aspectos, as organizações contemporâneas. Isso não quer dizer, conforme ele mesmo destaca, que não se deva dar valor à racionalidade nas práticas gerenciais. Deve-se tratar a gerência, de um lado, como algo científico, racional, passível de ser analisado a partir de relações de causa e efeito e, de outro, aceitar sua face de imprevisibilidade e de interação humana, estas que lhe conferem a dimensão do ilógico, do intuitivo, do espontâneo e do irracional.

Como decorrência da elevada incerteza atualmente observada, devemos buscar a aquisição do maior volume possível de conhecimentos sobre o comportamento das variáveis envolvidas nos processos decisórios dos quais participamos, o que nos permitirá estimar e estabelecer a predisposição ao risco.

Em decorrência da incerteza, surge a necessidade do estabelecimento de uma intensa relação com o ambiente, nos moldes propostos pela abordagem sistêmica, já exposta, em que os gestores não devem ceder à tentação de adotar modelos de gestão simplistas, baseados nas antigas concepções que viam o mundo e as organizações como estáveis e simples de ser entendidos. A teoria da complexidade nos auxilia a entender essa necessidade. Complexidade pode ser definida como a ausência de linearidade no comportamento das variáveis, pela multiplicidade de relações de causa e efeito, pelo volume e peso relativo das variáveis relevantes para a gestão organizacional.

A teoria da complexidade, que representa uma das modernas manifestações do pensamento gerencial, tem como uma de suas principais bases o trabalho do sociólogo francês Edgar Morin. Em seus trabalhos, o autor combate a lógica que percebe o mundo como passível de ser estudado sob a perspectiva da construção de certezas, que busca explicações racionais para os fenômenos naturais e sociais a partir de leis naturais, simples e imutáveis. De acordo com a visão da complexidade por ele proposta, o mundo atual é marcado por incertezas, necessitando ser examinado de uma forma bem distinta daquela tradicionalmente utilizada por cientistas e pensadores (Morin, 1999). O método de pensamento proposto por Morin envolve a construção do conhecimento em rede, não devendo ser percebido como um acúmulo linear, lógico e cronológico do saber. A ciência é vista, nessa nova perspectiva, como uma espécie de mapa multidimensional, com fronteiras não muito rígidas entre as diversas disciplinas e com pontes que promovem um constante intercâmbio entre elas.

A informação desconhece as fronteiras geográficas, propagando-se com extrema facilidade por todo o mundo graças às novas tecnologias de comunicação, e convive-se com um sistema cada vez mais interdependente, envolvendo países, estados, cidades, organizações e pessoas. Juntamente com a integração do espaço físico, observa-se o sentimento de aceleração do tempo que caracteriza a nossa era. As características do mundo contemporâneo interpenetram-se, produzindo uma complexa teia na qual todas as partes se influenciam mutuamente e, como resultado, os conceitos, as descobertas, as ideias e as técnicas desenvolvidas por uma área podem vir a ter implicações inesperadas em outros campos aparentemente desconexos. Com isso, o conhecimento precisa ser visto não mais de forma isolada, mas em suas complexas relações com o contexto a que pertence (Petraglia, 1999; Vergara, 2007).

No que tange aos modelos de gestão, a teoria da complexidade ajuda a perceber as fragilidades dos modelos de gestão tradicionais. A busca de certezas e previsibilidade, a ênfase no controle dos acontecimentos, a visão fragmentada dos fatos internos e externos à organização, a análise de problemas por uma ótica de pretensa neutralidade técnica e a hiperespecialização são algumas das mazelas encontradas nas teorias administrativas tradicionais, que têm suas incongruências destacadas a partir dessa nova perspectiva.

Outra conclusão favorecida pela teoria da complexidade é que a criatividade, esse valor tão caro às organizações contemporâneas, só pode se desenvolver a partir do afastamento do equilíbrio. Os paradigmas tradicionais de gestão impõem a busca de adaptação ao ambiente por meio de esforços orientados de retorno ao equilíbrio, que se manifestam sempre que um fato novo surge. Dessa forma, qualquer liberdade de escolha, condição básica para uma ação criativa, fica limitada pelas restrições dispostas pelo ambiente. Nos sistemas distantes do equilíbrio, esse problema não ocorre, visto que estão adaptados ao ambiente exatamente por estar distantes do equilíbrio e, por isso, não sofrem as restrições provenientes das circunstâncias desse ambiente (Bauer, 1999).

O equilíbrio sempre representou um valor importante para as organizações de acordo com os primeiros estudiosos da administração, em cujas teorias estão baseados os modelos tradicionais de gestão organizacional. A manutenção da ordem e do equilíbrio implica, normalmente, a renúncia às possibilidades de rupturas. A história nos mostra, no entanto, que muitas rupturas se fizeram necessárias para que uma sociedade mais justa fosse construída. Diante dos complexos desafios que os gestores públicos precisam enfrentar atualmente, algumas rupturas certamente se farão necessárias. Ao tempo em que se faz imprescindível a compreensão da incerteza predominante e da complexidade dela decorrente, torna-se necessário garantir certa estabilidade interna aos processos organizacionais, conforme já destacado na seção que tratou da visão sistêmica, que apresentou o conceito de homeostase. O fundamental é que haja congruência entre as estratégias, os processos de trabalho mantidos pela organização e o meio ambiente no qual ela está inserida e, também, que tais processos sejam conduzidos do modo mais eficiente, eficaz e efetivo possível. Assim, a gestão por processos resulta na formulação de uma partitura gerencial construída numa linguagem própria que se altera continuamente na busca de alguma forma muito particular de harmonia.

Capítulo 4

Fundamentos organizacionais da administração pública brasileira

Este capítulo será dedicado ao estudo de diferentes perspectivas nas quais se fundamenta a gestão pública, bem como os desafios enfrentados no caso específico do Brasil. Para começar, veremos a chamada administração pública gerencial (APG), modelo que ganhou força em nosso país na década de 1990, inspirado em reformas promovidas em outras nações para, em seguida, analisarmos criticamente suas propostas, destacando a racionalidade focada na técnica e dissociada de questionamentos mais profundos sobre seus propósitos e as ideologias a eles subjacentes. Apresentaremos, também, uma abordagem alternativa para o desenvolvimento de um modelo de gestão pública mais adequada às necessidades da sociedade: a administração pública societal. Por fim, discutiremos alguns dos principais desafios que precisam ser enfrentados pela gestão pública brasileira.

Administração pública gerencial

A administração pública gerencial (APG), também conhecida como nova administração pública, representa um modelo de gestão pública que passou a ser defendido no Brasil na década de 1990, durante o governo Fernando Henrique Cardoso por Bresser-Pereira, que foi, na época, nomeado ministro da Administração Federal e Reforma do Estado. Na visão de Bresser-Pereira (1998), nos anos 1980 o Estado teria crescido demasiadamente, sendo capturado por interesses particulares, ao mesmo tempo que perdeu autonomia relativa, em função da globalização. Um dos motivos da busca de reforma do Estado, iniciada na década de 1990, seria, nessa perspectiva, "a constatação, cada vez mais evidente, que a causa básica da grande crise dos anos 1980 foi o Estado, com sua crise em três dimensões principais: fiscal, do tipo de intervenção estatal e do modelo burocrático" (Bresser-Pereira, 1998:23).

> **FERNANDO HENRIQUE CARDOSO**
>
> Ex-presidente do Brasil, nascido em 19 de junho de 1931. Formou-se em sociologia pela Universidade de São Paulo (USP). Em 1952, aos 21 anos, já ministrava aulas como assistente do professor Florestan Fernandes, assumindo, logo depois, uma vaga no conselho universitário, tornando-se o mais jovem membro do conselho. Em 1962, publicou o livro *Capitalismo e escravidão no Brasil meridional*. Na época da ditadura militar, foi para o Chile, onde continuou trabalhando como professor e lançou, com Enzo Faletti, mais um livro – *Dependência e desenvolvimento na América Latina*. Em 1969, após cinco anos no exterior, voltou para o Brasil, anistiado pelo AI-5. Compulsoriamente aposentado pela USP junto com outros membros de seu partido, fundou o Centro Brasileiro de Análise e Planejamento (Cebrap). Eleito senador pelo estado de São Paulo em 1986, foi ministro da Fazenda do presidente Itamar Franco, quando assumiu a frente da implantação do Plano Real. Como presidente, governou o país por dois mandatos consecutivos – de 1º de janeiro de 1995 a 31 de dezembro de 2002.
>
> **BRESSER–PEREIRA**
>
> Nascido em São Paulo, em 1934, onde cursou a Faculdade de Direito da USP, Luis Carlos Bresser-Pereira é mestre em administração de empresas pela Michigan State University, doutor e livre docente em economia pela Universidade de São Paulo. Em 1987, em meio à crise provocada pelo fracasso do Plano Cruzado, tornou-se ministro da Fazenda do governo Sarney. Em 1995, foi tesoureiro da vitoriosa campanha de Fernando Henrique Cardoso à Presidência da República, assumindo o Ministério da Administração Federal e Reforma do Estado nesse governo. No segundo mandato, foi, durante os primeiros seis meses, ministro da Ciência e Tecnologia.

Ainda na concepção de Bresser-Pereira (1998), nos anos 1990, ficou claro que a proposta neoconservadora ou neoliberal de reduzir o Estado a um tamanho mínimo, atribuindo ao mercado todo o controle da economia, não era realista e não atendia aos anseios da sociedade nem às necessidades de desenvolvimento econômico. Com isso, a reforma do Estado teria uma importância preponderante, e tais argumentações podem ser entendidas como uma defesa de Bresser-Pereira contra as acusações que as reformas por ele propostas sofreram, sendo vistas, pela maioria dos analistas, como uma manifestação típica da expansão do neoliberalismo. A diferenciação que ele tenta impor fica clara quando afirma que:

> A administração gerencial, também conhecida como Nova Administração Pública, parte do pressuposto de que o estado não deve ser um simples instrumento para garantir a propriedade e os contratos. Ao contrário, deve formular e implantar políticas públicas estratégicas para a sociedade, tanto na área social quanto científica e tecnológica [Bresser-Pereira, 1998:7].

O ex-presidente Fernando Henrique Cardoso, que patrocinou, em seu governo, os esforços de adoção da administração gerencial, também se preocupou em destacar que não se tratava de uma simples redução do aparato estatal. Na sua percepção, reformar o Estado não significaria desmantelá-lo nem diminuir sua capacidade regulatória ou sua condição de liderar mudanças. Significaria, antes de tudo, abandonar velhos modelos paternalistas e assistencialistas que, por força das circunstâncias, concentravam-se na produção direta de bens e serviços (Cardoso, 1998). Cardoso também declarou não ter dúvidas de que, além de "iluminar os caminhos nacionais" e apontar metas compatíveis com as necessidades e expectativas da sociedade, o Estado precisaria também oferecer serviços públicos nas áreas de educação, segurança, saúde e saneamento, entre outros. "Para isso, no entanto, precisa se reorganizar e adotar critérios de gestão que favoreçam a eficácia e a redução de custos" (Cardoso, 1998:17).

Por um lado, a reforma proposta implicaria a redução do Estado e de sua capacidade de oferecer bens e serviços. Por outro, no entanto, ampliaria a capacidade estatal para financiar atividades que envolvessem externalidades significativas e a garantia de direitos humanos básicos, além de promover a competitividade internacional das empresas locais (Bresser-Pereira, 1998).

De acordo com essa percepção, a garantia do caráter público de serviços essenciais à população não requer que a produção de bens e serviços fique sob o controle do Estado. Tampouco as privatizações de empresas antes controladas pelo Estado iria de encontro a essa necessidade. "Ao contrário, somente reformando-se o aparato estatal teremos condições de dar efetivas garantias contra a privatização do Estado representada pela ação de grupos de interesse que tentam aparelhá-lo" (Bresser-Pereira, 1998:25). A apropriação em questão seria feita, dentre outros grupos, pelos burocratas. Bresser-Pereira já manifestava, em trabalhos anteriormente publicados, a percepção de que a "tecnoburocracia" precisava ser combatida, entre outros fatores, devido à necessidade de fortalecimento da democracia:

> O técnico assume o poder não em função da vontade do povo, expressa através do voto, mas em nome de sua competência técnica e organizacional. Suas decisões, uma vez no governo, não são tomadas em função da consulta ao povo, mas em função de sua pretendida racionalidade. Os critérios de racionalidade são, naturalmente, definidos pela própria tecnoburocracia, na medida em que apenas os técnicos se consideram com capacidade para isso [Bresser-Pereira, 1981:87 apud Tenório, 2002:155].

Assim, as burocracias modernas seriam apenas uma evolução das burocracias patrimonialistas, mas ainda se manteriam autorreferentes, importando-se primariamente em defender seus próprios interesses e reafirmar o poder do Estado. O fortalecimento do Estado, segundo essa lógica, serviria mais à perpetuação das regalias dos burocratas e dos grupos de interesse a eles associados do que ao bem-estar da sociedade. Esse tipo de pensamento visa legitimar, portanto, a redução da atuação do Estado, objeto das reformas conduzidas na década de 1990 no Brasil, a reboque de outras similares que ocorreram anteriormente em países da Europa, especialmente na Inglaterra e nos Estados Unidos. Matias-Pereira (2008) também percebe a necessidade de que seja limitado o poder dos burocratas e afirma que, mesmo considerando a burocracia a mais eficiente forma de organização criada pelo homem, Weber temia essa grande eficiência, cujos resultados seriam uma enorme ameaça às liberdades individuais e às instituições democráticas da sociedade ocidental.

Bresser-Pereira (1998) também afirma que a administração pública burocrática clássica foi adotada porque era uma alternativa muito superior à administração patrimonialista do Estado. Porém, no momento em que o pequeno Estado liberal do século XIX cedeu lugar ao grande Estado social e econômico do século XX, verificou-se que esse modelo de gestão não garantia rapidez, qualidade ou custos baixos para os serviços prestados ao público. Na verdade, de acordo com essa percepção, a administração pública burocrática clássica seria lenta, cara e autorreferida, não se orientando para o atendimento das demandas dos cidadãos. Como visto anteriormente, Bresser-Pereira e Fernando Henrique Cardoso procuram desvincular a administração pública gerencial do crescimento do neoliberalismo. O combate à burocracia pode ser visto, no entanto, como um movimento típico de expansão do liberalismo econômico. Motta (2004:13) afirma que "dois adjetivos que não combinam são liberal e burocrático. Há muito que o capitalismo deixou de ser liberal. Também no capitalismo, a burocracia invadiu tudo e governa nossas vidas". Segundo Prestes-Motta, o capitalismo é antagônico por natureza: enquanto uns possuem a propriedade dos meios de produção, outros não a possuem. Tal antagonismo teria dado espaço, em muitos países, ao surgimento de uma classe de colaboradores, os burocratas, que detinha o Estado como sua propriedade. Seguindo esse raciocínio, os movimentos de redução do Estado e expansão do liberalismo passariam, naturalmente, pelo combate à burocracia. Bresser-Pereira (1998) define que a administração pública gerencial (APG) possui as seguintes características básicas:

- é orientada para os cidadãos e para a geração de resultados;
- pressupõe que os políticos e os colaboradores públicos merecem grau limitado de confiança;

- baseia-se na descentralização e no incentivo à criatividade;
- utiliza o contrato de gestão como instrumento de controle dos gestores públicos.

> **COMENTÁRIO**
>
> Ao orientar-se para o cidadão, a administração pública gerencial romperia com a já comentada tendência, da burocracia, de se autorreferenciar. Seria essa orientação um mecanismo de defesa da sociedade contra a adoção de políticas corporativistas por parte dos colaboradores públicos. O compromisso com a geração de resultados complementaria esse direcionamento, garantindo maior eficiência e eficácia ao setor público. E a confiança limitada nos detentores do poder político e burocrático é defendida como pressuposto da necessidade de estabelecimento de parâmetros e limites claros para sua atuação. Trata-se, nesse caso, da importação de conceitos da chamada "governança corporativa", que prevê, entre outras ações, a adoção de medidas de contenção dos gestores, para que não se apropriem de um poder maior do que o que seria desejável e exerçam suas atividades com transparência.

O tema governança tem como base os estudos seminais de Ronald Coase, publicados em 1937 (*The nature of the firm*), aperfeiçoados por Oliver Wiliamson (1981). E essa concepção designa os dispositivos operacionalizados pela firma para conduzir operações eficazes. A governança corporativa no setor público deve ser entendida como a proteção ao inter-relacionamento entre a administração, o controle e a supervisão feita pela organização governamental, pela situação organizacional e pelas autoridades do governo, com vistas à eficiência e à eficácia. Uma boa governança pública, à semelhança da corporativa, estaria apoiada em quatro princípios:

- relações éticas;
- conformidade em todas as dimensões;
- transparência;
- prestação responsável de contas (Matias-Pereira, 2008).

> **COMENTÁRIO**
>
> A descentralização é apontada, em quase todas as teorias contemporâneas de gestão, como uma tendência das modernas práticas gerenciais, em que as organizações dão respostas não padronizadas a necessidades distintas dos diferentes grupos atendidos ou impactados, bem como para que os processos decisórios sejam mais ágeis. A criatividade poderia, também, ser favorecida pela adoção de arranjos mais descentralizados, pois a maior autonomia dos colaboradores tende a abrir espaço para a inovação.

Os contratos de gestão são instrumentos que explicitam metas de desempenho para organizações estatais e conferem maior autonomia a seus gestores que, no lugar de serem monitorados em relação aos procedimentos adotados, passam a ser cobrados no que diz respeito ao alcance das metas adotadas. Trata-se, portanto, da gestão por resultados, muito utilizada na área privada.

Przeworski (1998) também propõe uma série de parâmetros que caracterizariam a APG, afirmando que as burocracias públicas tendem a agir mais em conformidade com as regras do que em razão de resultados ou incentivos. Para minorar essa distorção seria recomendável a adoção das seguintes medidas:

> **GESTÃO POR RESULTADOS**
>
> A gestão por resultados é uma forma de gerenciamento no qual as autoridades de um escalão superior delegam maior autoridade e concedem maior autonomia aos gestores a elas subordinados, mediante a definição de resultados que devem ser alcançados.

- formulação de contratos adequados – por mais difícil que seja o estabelecimento de indicadores, ele precisa ser feito, aliado à adoção de sistemas de premiação por obtenção de resultados, o que inclui o pagamento de salários mais elevados a agentes altamente especializados;
- triagem e seleção – o recrutamento público deve ser sensível a sinais que indiquem alto desempenho;
- fiscalização institucional;
- criação de múltiplos agentes com objetivos dissonantes (exemplo: "ministérios que gastam" e "ministérios que controlam e reprimem os gastos");
- estabelecimento de competição entre agências estatais e privadas;
- descentralização.

A formulação de contratos e a descentralização já foram comentadas. Quanto ao recrutamento público com base em competências percebidas para o alcance de um elevado desempenho, nada de novo apresenta. Na verdade, trata-se de uma mera afirmação do princípio da meritocracia, característico do modelo burocrático.

A fiscalização institucional representa uma necessidade que, independentemente da adoção do modelo de administração pública gerencial, precisa ser observada, uma vez que a transparência e a prestação de contas são exigências da sociedade atual que precisam ser atendidas pelos gestores públicos. A criação de agentes com objetivos dissonantes é uma proposta colocada em prática no Brasil nas últimas duas décadas e que se manifesta não somente na manutenção de órgãos fiscalizadores, como o Ministério Público, mas também na condução da política econômica. Há ministérios, como o da Fazenda, e outros organismos, como o Banco Central, que têm desempenhado o papel de "defensores da estabilidade monetária", incumbindo-se de represar gastos governamentais, enquanto outros ministérios lutam para expandir os investimentos.

A competição entre agências estatais e privadas manifestou-se, no Brasil, na quebra de monopólios em atividades antes restrita a entidades estatais. Isso ocorreu, por exemplo, na prospecção de petróleo e na área de resseguros. As entidades estatais que antes detinham exclusividade nessas áreas continuaram a trabalhar nelas, mas precisam agora competir com empresas privadas. As agências, citadas por Przeworski, seriam entidades criadas para prestar serviços públicos, sendo remuneradas pelo governo mediante o cumprimento de metas, conforme estabelecido em contratos de gestão. Kettl (1998) cita que as agências, implantadas no governo de Margareth Thatcher, por exemplo, passaram a ser responsáveis por dois terços dos serviços públicos prestados. Eram regidas por contratos, nos quais se especificava o que deveriam fazer e os padrões pelos quais seu desempenho seria avaliado. Com isso, cada agência teria passado a se concentrar mais diretamente na melhoria dos serviços prestados. Depois, o governo inglês procurou privatizar o maior número possível de agências.

Jenkis (1998) relata que o serviço público britânico possui 65% de seus colaboradores trabalhando em agências que variam em tamanho, de pequenas agências, como um centro de conferências com 20 pessoas, até as enormes agências de benefícios, com 30 a 40 mil servidores. Tais agências são, portanto, distintas daquelas que foram criadas no Brasil na década de 1990, como a Agência Nacional de Telecomunicações (Anatel), a Agência Nacional de Energia Elétrica (Aneel) e a Agência Nacional de Aviação Civil (Anac), entre outras. Essas tiveram como função primordial a regulação das atividades de interesse público prestadas por empresas privadas e não a prestação de serviços em si. Os objetivos das agências reguladoras, conforme Peci (2007), são os seguintes:

- defesa da concorrência no mercado;
- defesa do usuário do serviço público;

MARGARETH THATCHER

Ex-política britânica, especialista em direito tributário. Atuou como presidente da Associação Conservadora de Oxford, onde iniciou sua carreira política. Foi secretária de Estado para Assuntos Sociais (1961), ministra da Educação e diretora do Partido Conservador. Foi a primeira mulher a dirigir uma democracia moderna – como primeira-ministra da Inglaterra –, tendo lançado o neoliberalismo por meio de um projeto de redução da intervenção do Estado na economia. Recebeu o apelido de Dama de Ferro, pois seu governo foi caracterizado por posturas rígidas e inflexíveis.

- manutenção do equilíbrio econômico-financeiro no mercado, evitando que os usuários sejam lesados ou negligenciados pelo prestador de serviços.

Kettl (1998) também contribui para a compreensão da proposta da APG, afirmando que a maioria das nações tem se preocupado em "aparar" os contornos do setor público, valendo-se dos seguintes mecanismos:

- limitações das dimensões do setor público;
- privatização;
- descentralização para governos subnacionais;
- desconcentração no governo central;
- uso de mecanismos típicos de mercado;
- novas atribuições aos órgãos da administração central;
- outras iniciativas de reestruturação ou "racionalização".

> **COMENTÁRIO**
>
> A expressão "aparar" revela a visão, possuída pelos defensores da APG, de que o Estado cresceu demais e precisa ser reduzido, o que fica claro, também, pela primeira proposta de Kettl – a limitação das dimensões do setor público. A privatização vai nessa mesma direção. Descentralização e desconcentração, que são listados a seguir, manifestam-se nas diversas abordagens da APG, conforme já destacado. O uso de mecanismos típicos do mercado, embora possa parecer positivo, capaz de emprestar maior eficiência à máquina pública, é altamente questionável, já que essa apropriação de formas de gestão típicas de empresas privadas pode dar lugar à adoção de uma lógica inadequada à atuação estatal. As duas últimas características propostas por Kettl – novas atribuições e outras iniciativas de reestruturação e racionalização – são por demais genéricas, ficando difícil sua interpretação. São afirmações que caberiam em qualquer tipo de mudança planejada.

Outra base da APG é a redução no número de colaboradores públicos. Kettl (1998) destaca que o movimento "reinventando o governo", do vice-presidente Al Gore, implicou um corte de um oitavo do funcionalismo norte-americano. Na Inglaterra, o encolhimento do serviço público foi ainda maior: 30%. No Brasil, os primeiros movimentos nesse sentido foram empreendidos no governo Fernando Collor de Mello (1990-92), quando foram efetuadas, pela primeira vez, demissões em série na área pública. No governo de Fernando Henrique Cardoso, embora não tenha ocorrido o mesmo tipo de ação, foram represadas as contratações, mesmo as de reposição dos colaboradores que se aposentavam, havendo, assim, uma redução gradual, mas significativa, do quadro de colaboradores.

A proposta da APG contempla, também, o foco no cidadão. Essa seria, na percepção de Matias-Pereira (2008), uma das bases do modelo gerencial que começou

a ser buscado na década de 1990, e que contemplaria, na percepção desse autor, as seguintes características:
- velocidade e agilidade de resposta do prestador de serviços;
- utilização de sistemas flexíveis de atendimento, possibilitando maior segmentação;
- busca da excelência, com o estabelecimento de padrões e metas de qualidade;
- manutenção de canais de comunicação com os usuários;
- avaliação da qualidade dos serviços prestados.

> **COMENTÁRIO**
>
> As características destacadas por Matias-Pereira contemplam aspectos de difícil contestação, com forte conotação positiva. O problema, porém, é na forma como costuma ser buscada a manutenção dessas características, o que normalmente ocorre por meio da apropriação indevida de mecanismos típicos da gestão privada. Outra contribuição interessante para o entendimento da APG é oferecida por Ferlie e colaboradores (1999), que destacam serem quatro os modelos ideais da nova administração pública (NAP), e que destacamos a seguir.

NAP/Modelo 1 – O impulso para a eficiência

Representaria uma tentativa de tornar o setor público mais parecido com a iniciativa privada, guiado por noções rudimentares de eficiência. Seus principais temas incluem:
- aumento dos controles financeiros;
- administração hierarquizada do tipo "comando e controle", com claro estabelecimento de objetivos;
- ênfase na adoção de métodos mais transparentes para a análise do desempenho, com padrões de referência claramente definidos e uso intensivo de registros como forma de avaliar o desempenho profissional;
- mentalidade mais voltada para o mercado e orientação para o cliente;
- determinação de papéis mais importantes para os prestadores de serviço não pertencentes ao setor público;
- desregulamentação do mercado de trabalho, aumento no ritmo de trabalho e implantação de sistemas de recompensas individualmente acordadas para colaboradores mais graduados;
- redução do poder de autorregulamentação das profissões, com transferência de poder dos profissionais para os administradores;
- estímulo à adoção de um estilo de gestão mais empreendedor, ainda que mantendo rigorosas exigências de responsabilidade para com os níveis superiores;
- novas formas de governabilidade corporativa, com ênfase no modelo de conselho diretor e transferência de poder para o comando estratégico da organização.

Nesse primeiro modelo de NAP, a inspiração vem de uma série de teorias e métodos administrativos, por vezes antagônicos. O aumento da hierarquia do tipo "comando e controle", por exemplo, é típico do modelo burocrático, ainda que, nessa proposta, esteja vinculado ao alcance de objetivos. Mentalidade voltada para o mercado e orientação para o cliente representam aspectos bastante questionáveis. Controle financeiro, transparência, empreendedorismo e governabilidade corporativa são, em princípio, práticas interessantes, mas que, dependendo da forma como forem conduzidas, podem ensejar fortes desvios. Determinação de papéis mais importantes a agentes não estatais é uma das mais questionáveis práticas da NAP, conforme trataremos oportunamente. A desregulamentação do mercado de trabalho e a redução do poder de autorregulação das profissões representam ideias que parecem sensatas, mas que podem dar margem a muitas distorções. A pretexto de combater privilégios corporativos, pode ocorrer o desmantelamento de parte importante da estrutura governamental, com a precarização do trabalho dos servidores públicos.

NAP/Modelo 2 – Downsizing e descentralização

Teve como base a crença, difundida inicialmente no setor privado, de que as grandes corporações verticalmente integradas estavam obsoletas, vinculadas a um modelo fordista de produção. Foram, então, introduzidas no setor público medidas como: busca de maior flexibilidade operacional, redução no grau de padronização, maior descentralização da responsabilidade orçamentária, aumento da terceirização e separação entre um pequeno núcleo estratégico e uma grande periferia operacional. Essa abordagem da NAP representa uma das mais perigosas apropriações da lógica da gestão privada, pois toma como base métodos e modismos que se revelam questionáveis mesmo na área empresarial.

NAP/Modelo 3 – Busca da excelência

Em parte, esse modelo representa a aplicação, no serviço público, da teoria da administração chamada "escola de relações humanas", com sua grande ênfase na cultura organizacional. Esse modelo de NAP rejeita a abordagem altamente racional da NAP modelo 1 e, ao contrário desta, enfatiza o papel dos valores, cultura, ritos e símbolos na moldagem da maneira como as pessoas se comportam no trabalho. Há um forte interesse no modo como as organizações administram a mudança e a inovação, e são incorporados conceitos como o de organizações que aprendem e o de desenvolvimento organizacional.

COMENTÁRIO

Comparada com os métodos propostos no modelo anterior, essa terceira forma de NAP parece bem mais sensata, sendo preciso que se considere, no entanto, que por trás de propostas aparentemente muito corretas, como a aprendizagem e o desenvolvimento organizacional, podem se esconder manipulações do ser humano. A chamada "escola de relações humanas" recebe diversos questionamentos pelo caráter ilusório de muitas de suas propostas que, a despeito do discurso de defesa dos colaboradores, por vezes prestam-se mais à manutenção do *status quo*.

NAP/Modelo 4 – Orientação para o serviço público

Seria a menos desenvolvida das quatro diferentes propostas de NAP, precisando ainda ser melhor detalhada, e representaria a fusão de ideias de gestão dos setores público e privado e a revitalização dos administradores do setor público por meio do delineamento de uma missão diferente. Essa variante atrai defensores de centro-esquerda e inclui uma forte ênfase na preservação da responsabilidade dos serviços para usuários e cidadãos e não para clientes, como é observado em outras variantes. Também se caracteriza por defender o resgate do poder das autoridades eleitas, em detrimento das nomeadas. Da forma como é apresentada por Ferlie e colaboradores (1999), essa quarta abordagem seria a mais sensata em alguns aspectos, por exemplo, no combate à percepção do cidadão como cliente e o fortalecimento do sistema político, mas contemplaria uma ideia que pode resultar em grandes equívocos, a tal "fusão de ideias dos setores público e privado".

Críticas à APG

Ainda que se afirme que "a função gerencial foi desenvolvida no âmbito das empresas privadas, mas sua introdução no setor público não pode ser uma simples importação de métodos empresariais" (Bresser-Pereira, 1998:7), certamente há outras formas de se entender essa apropriação de métodos de gestão privados pela área pública.

Mesmo na área privada, os esforços de "modernização" da gestão têm sido marcados por inconsistências teóricas, modismos, promessas ilusórias e um caráter claramente manipulativo. As duas últimas décadas trouxeram, a reboque das profundas mudanças políticas, econômicas e tecnológicas vivenciadas, uma série de teorias, técnicas e modismos gerenciais que seriam capazes, em tese, de reinventar a administração.

Os autores do famoso livro que lançou o conceito de reengenharia organizacional chegaram a afirmar, com todas as letras, no início de sua obra, que os leitores deveriam esquecer tudo o que sabiam sobre administração porque estava tudo errado e desatualizado (Hammer e Champy, 1993). Além de arrogante, essa ideia revelou-se um verdadeiro engodo, apresentada que foi em uma proposta funcionalista, cartesiana, muito próxima das piores limitações encontradas no taylorismo.

REENGENHARIA

Reestruturação radical dos processos empresariais que visa alcançar drásticas melhorias em indicadores críticos e contemporâneos de desempenho, tais como custos, qualidade, atendimento e velocidade.

Mas não foi apenas a reengenharia que procurou seduzir os estudiosos da administração e os gestores organizacionais com propostas de mudanças radicais e novos conceitos para tornar as empresas imbatíveis. À constatação de que muitos dos valores tradicionais da teoria das organizações estavam equivocados e ultrapassados seguiu-se a busca frenética por novos caminhos, sempre partindo da premissa de ser possível a obtenção de receitas de sucesso. Matias-Pereira (2008) destaca que, em termos teóricos, o gerencialismo, como também é conhecida a administração pública gerencial, levanta sérios problemas e contradições. Em primeiro lugar, parte das suposições que não demonstra e que são autênticas falácias, como o pressuposto de que a gestão empresarial é inerentemente superior à gestão pública e de que o papel dos cidadãos pode ser reduzido ao de consumidores. Além disso, insiste, por um lado, na descentralização e no desaparecimento dos escalões intermediários, mas, por outro, "acentua a necessidade de controle financeiro e coordenação orçamental, o que gera incoerências e contradições no processo de decisão e implantação de políticas públicas" (Matias-Pereira, 2008:105).

Outra crítica que pode ser formulada reside no fato de que muitos dos serviços públicos são difíceis de serem medidos em termos de eficiência e avaliação de performance, o que dificulta a aplicação dos métodos propostos. Nogueira (2005) também oferece interessantes contribuições para a análise crítica da APG e destaca que, quando se fala em "reforma do estado", foca-se muito mais na dimensão instrumental do Estado, com reforma da gestão e do aparato administrativo, do que em sua dimensão ético-política. Uma discussão nesse nível deveria anteceder a realização de reformas administrativas.

> **COMENTÁRIO**
>
> Uma das questões que precisam ser melhor trabalhadas é a relação entre Estado e sociedade. Matias-Pereira (2008:108) destaca que "O grande desafio brasileiro está na construção da esfera pública, tendo em vista a dissociação que existe entre Nação e Estado, ou seja, a Nação que não se reconhece no Estado". Nogueira (2005), afirma que o Estado na América Latina caracterizou-se, historicamente, por possuir "duas cabeças", uma racional-legal burocrática e outra do tipo patrimonial, que se comunicam e se interpenetram funcionalmente, em clima de recíproca competição e hostilidade. Com as reformas, passou a ter mais uma cabeça, a gerencialista, assumindo uma forma de trifrontalidade. Não haveria dúvida, na sua percepção, de que o Estado precisava ser reformado, pois pouco contribuía para a promoção social, estando tecnicamente defasado, desprovido de colaboradores motivados e, nele, as circunstâncias e disfunções passaram a ser percebidas como se fossem da própria natureza do Estado, que ficou visto como um fardo, um custo para a sociedade.

Em decorrência, houve a difusão de uma visão reformista que entende que o "bom Estado" deveria ser leve, ágil, reduzido quase ao mínimo. Tomado pela racionalidade técnica e vazio de interesses, de "paixões", de embates políticos (Nogueira, 2005:48). Ainda de acordo com Nogueira (2005:66):

Uma reforma substantiva do Estado precisa direcionar-se para fazer do Estado não só um instrumento eficiente de racionalização, de intervenção e de promoção do desenvolvimento, mas também um ambiente político-institucional no qual se concretize a mediação dos conflitos e das diferenças e em que se estabeleçam as bases do contrato social, as relações de reciprocidade entre os cidadãos.

Não se pode, portanto, destituir a análise das reformas propostas pela APG das ideologias a elas subjacentes. Esse tipo de equívoco tem dado lugar à defesa de medidas que podem parecer positivas, mas que são, na verdade, altamente questionáveis, como a apropriação, pelo setor público, de técnicas gerenciais privadas. Ferlie e colaboradores (1999) destacam que, se os modelos e as ideologias do setor privado tiverem de ser usados pelos reformadores do setor público, é necessário que se pergunte que modelos do setor privado vão escolher e por quê. Como se sabe, há diferentes estilos de administração, e nenhum pode ser aplicado de forma independente do contexto, conforme apregoa a chamada teoria contingencial.

MARCO AURÉLIO NOGUEIRA

Sociólogo e professor titular na Universidade Estadual Paulista (Unesp). Professor do Programa de Pós-Graduação em Relações Internacionais San Tiago Dantas, coordenador do Instituto de Políticas Públicas e Relações Internacionais da Unesp, professor colaborador do Programa de Pós-Graduação em Ciência Política da Universidade Federal de São Carlos e colunista do jornal *O Estado de S. Paulo*.
Bacharel em ciências políticas e sociais pela Escola de Sociologia e Política de São Paulo, doutor em ciência política pela Universidade de São Paulo, pós-doutorado na Universidade de Roma. Entre suas principais obras estão *Potência, limites e seduções do poder* e *Um Estado para a sociedade civil: temas éticos e políticos da gestão democrática*.

EWAN FERLIE

Professor de gestão de serviços públicos no Kings College London.
Atua na área da saúde e do ensino superior. Especialista em gestão pública, cuidados de saúde, mudança organizacional e processo de estratégia.
Bacharel em história moderna e mestre em pesquisa social e política social pelo Balliol College, Universidade de Oxford. Doutor em política social pela Universidade de Kent. Publicou, entre outros livros, *A nova administração pública em ação*.

No nível organizacional, as reformas do governo têm se baseado, ainda segundo Ferlie e colaboradores (1999), em um modelo muito rudimentar ou muito simplificado do setor privado, seguindo os conceitos de mercado e de competição. Esses não somente fracassam em reconhecer a alta incidência de cooperação que existe entre as organizações, mesmo entre competidores, e também fracassam em entender as forças do modelo de planejamento que não são replicadas no modelo de mercado. Fundamental, também, conforme já destacado, é a percepção de que a seleção de métodos empresariais não pode ser apresentada como uma decisão politicamente neutra. Aliás, como muito bem destacado por Tragtenberg (2005), as ideologias se manifestam em todas as correntes de pensamento administrativo e uma análise mais aprofundada de muitas das teorias gerenciais pode revelar intenções opostas às explicitamente manifestas.

> **COMENTÁRIO**
>
> Na visão de Ferlie e colaboradores (1999), a defesa da competição e dos mercados seria incompatível com o coletivismo e o planejamento dos serviços. Como exemplo, esses autores percebem que a capacidade de planejamento de longo prazo para a prestação de serviços com igualdade de acesso, qualidade e distribuição não pode ser assegurada nas condições de mercado. Também precisa ser questionada a adoção da expressão "cliente" para designar os cidadãos atendidos pelas organizações públicas. Conforme destacam Ferlie e colaboradores (1999), tal expressão revela-se pouco adequada aos serviços públicos, sendo sua adoção consequência da hegemonia atual de ideias derivadas da área de marketing. No mercado tradicional, os clientes têm conhecimento sobre uma variedade de produtos ou serviços, um grau de poder de mercado e a capacidade de fazer escolha entre fornecedores. No setor público há, também, questões de cidadania e de ação coletiva no nível estratégico que precisam ser consideradas.

Kettl (1998) destaca que a adoção dessa abordagem do cliente tem como pressuposto a crença de que os colaboradores públicos conhecem melhor as necessidades dos cidadãos e que estes podem receber de forma passiva os serviços públicos. As reformas recentes tendem a ver os cidadãos como consumidores, não estando claros, no entanto, o modo como os movimentos "de conscientização do consumidor" afetam os serviços públicos aos quais o cidadão tem pleno direito legal e as responsabilidades que os cidadãos precisam assumir para que esse sistema funcione bem. Uma das propostas básicas da reforma proposta por Bresser-Pereira foi a divisão das atividades estatais em dois tipos distintos:

- atividades exclusivas do Estado (fiscalização, regulação, legislação e formulação de políticas públicas, por exemplo);
- atividades não exclusivas do Estado, aí incluídas aquelas de caráter competitivo e as atividades de apoio.

Um dos pontos que merecem um firme questionamento é a transferência de atividades estatais para agentes não estatais, outra importante base da APG.

Na concepção de Bresser-Pereira (1998), o caráter "público" não deve ser entendido como um atributo exclusivo do Estado, podendo ser estendido também às organizações não estatais sem fins lucrativos. Na sua percepção, haveria três possibilidades sobre os serviços não exclusivos do Estado: permanecer sob domínio estatal, ser privatizados ou ser delegados a entes privados, mas financiados e subsidiados pelo Estado, com o controle da sociedade. Tais entes caracterizam-se como entidades públicas não estatais. E como uma das bases motivadoras dessa transferência está a desconfiança no Estado, cujas relações com a sociedade precisam ser entendidas, como destacou Gramsci, como estruturadas por uma dialética de unidade e distinção. Atualmente, muitos analistas têm satanizado o espaço político para dar livre curso a uma hipotética natureza virtuosa da sociedade civil (Nogueira, 2005).

> **GRAMSCI**
>
> Estudante de literatura na Universidade de Turim, filiou-se ao Partido Socialista Italiano em 1915. Gramsci tornou-se jornalista ao escrever para o jornal do partido (*L'Avanti*) e, tendo sido editor de vários jornais socialistas italianos, foi um dos fundadores, em 1919, do semanário *L'Ordine Nuovo*. No Congresso do Partido Socialista Italiano, em janeiro de 1921, foi Gramsci o líder da ala radical que saiu, constituindo-se como Partido Comunista Italiano (PCI). Foi o primeiro secretário-geral desse partido, que o elegeu deputado e do qual fundou o órgão jornalístico, o diário *L'Unità*. Durante o regime fascista, os mandatos dos deputados oposicionistas foram cassados. Perdida a imunidade parlamentar, Gramsci foi preso em 8 de novembro de 1926 e condenado a 20 anos de reclusão. Em 1933 os sintomas da tuberculose tornaram-se evidentes e a doença fez progressos rápidos. As autoridades fascistas não quiseram que o preso morresse como mártir e Gramsci foi solto três dias antes de sua morte. Gramsci escreveu mais de 30 cadernos de história e análise durante a prisão. Conhecidos como *Cadernos do cárcere* e *Cartas do cárcere*, contêm traços de nacionalismo italiano e algumas ideias de teoria crítica e educacional. Faleceu em 27 de abril de 1937.

Em consequência da adoção da proposta de repasse das responsabilidades de prestação de serviços públicos a entidades da sociedade civil, observa-se, nas últimas duas décadas, um significativo crescimento das ONGs no Brasil. Tal crescimento, conforme destacado por Ferreira (2005), apresenta uma série de problemas e contradições. Uma das críticas que têm sido dirigidas às ONGs é que elas se deslocam, muitas vezes, do discurso da mudança social e direitos humanos para se transformar em instrumentos da agenda neoliberal promovida pelo poder hegemônico do eixo Europa-EUA. Ao prestar ajuda ao desenvolvimento de um país, o órgão ou entidade repassadora de recursos incorpora um modelo, uma concepção de desenvolvimento, que normalmente está de acordo com as estratégias dos países doadores e não dos receptores (Menescal, 1996; Presburger, 1996; Villalobos e Zaldivar, 2001).

Ao avançarem na prestação de serviços públicos ao mesmo tempo que o aparelho estatal recua nos mesmos serviços, as ONGs podem estar contribuindo para a terceirização das políticas públicas, para a apropriação da lógica e das soluções de mercado pelo poder público. Esse movimento pode caracterizar a existência de um processo de desconstrução do Estado, o qual passa a restringir-se ao desenvolvimento de uma ação social marginal. Tal processo estaria ocasionando a individualização dos problemas sociais, que deixam de ser responsabilidade do Estado, ficando à mercê da solidariedade da sociedade civil para com aqueles que não se mostram aptos à competição no livre-mercado. Essa nova forma de gestão do social, pautada na ideia do favor e da moral, contribuiria para a descaracterização da noção de direitos e da própria cidadania (Montaño, 1999).

CARLOS MONTAÑO

Professor da Escola de Serviço Social da Universidade Federal do Rio de Janeiro (UFRJ) e autor do livro *Terceiro setor e a questão social: crítica da política emergente de mobilização social*.

JORGE ULISES GUERRA VILLALOBOS

Professor associado da Universidade Estadual de Maringá. Graduado em história e geografia pela Universidad de Chile, mestre em geografia pela Universidade Estadual Paulista Júlio de Mesquita Filho e doutor em geografia agrária pela Universidade de São Paulo. Publicou *Filosofia e ciência na geografia contemporânea: uma introdução à geografia* e *Ecologia e movimentos sociais*, entre outros livros e artigos.

VÍCTOR BRETÓN SOLO DE ZALDIVAR

Professor titular de antropologia social da Universitat de Lleida, coordenador do Grupo Interdisciplinar de Estudos de Desenvolvimento e Multiculturalismo e pesquisador associado da Faculdade Latino-Americana de Ciências Sociais. Doutor em antropologia social pela Universitat de Barcelona. É autor de *Tierra, Estado y capitalismo* e *Cooperación al desarrollo y demandas étnicas en los Andes ecuatorianos*.

A transferência da responsabilidade das políticas públicas do governo para a sociedade civil representa, na visão de seus críticos, um retrocesso social e político, uma vez que a cidadania passou a ser concebida como "igualdade de oportunidades", tendo como fundamento a ideia da competência. Tal concepção teria inspiração na política neoliberal e estaria distante de uma cidadania efetiva. Como corolário dessa formulação, ter-se-ia uma significativa transformação no tratamento das questões sociais. Situando-se na esfera pública, elas estariam sujeitas à influência das contradições inerentes ao conjunto das relações sociais, sendo definidas e negociadas nos espaços políticos, favorecendo-se, assim, a construção dos direitos de cidadania. Ao passar para o âmbito das ONGs, essas questões passam a ser tratadas numa perspectiva gerencial, comprometida com parâmetros de qualidade e eficiência, ou gerida por práticas de filantropia (Fernandez, 2000). Muitas vezes, as ONGs são obrigadas a respeitar a lógica e os critérios que regem a economia, sendo impulsionadas a adotar estruturas quase empresariais e a assumir um papel de eternas assistidas, sujeitas às políticas do governo (Onorati, 1992).

Outra crítica dirigida às ONGs considera que seu crescimento representa uma estratégia do grande capital, adotada pelo Banco Mundial, entre outras instituições: a de fomentar a política neoliberal de libertar as forças do mercado das amarras do controle dos Estados dos países subdesenvolvidos no momento em que esses começaram a passar por processos de redemocratização. Enquanto os Estados autoritários serviam aos interesses do desenvolvimento do grande capital, o Banco Mundial não se preocupou em questionar suas formas de ação, marcadas pelo autoritarismo e pela ineficiência. Já a partir da redemocratização, quando a sociedade civil passou a pressionar o Estado para que suas ações privilegiassem o desenvolvimento social, o receituário neoliberal passou a ser visto como necessário pelos detentores do poder econômico internacional. Assim, o Estado, que já tinha sido privatizado por dentro, deveria sê-lo agora por fora, sendo reduzido à sua existência mais simples, de modo a não colocar entraves ao desenvolvimento das chamadas forças do mercado (Souza, 1992). Enfim, são muitas, portanto, as críticas que podem ser formuladas à administração pública gerencial. E, como se vê, por trás de propostas que parecem ser muito sensatas podem estar ideias controversas, simplificações, equívocos conceituais e manipulações ideológicas. Faz-se necessária, portanto, a busca de opções para a reestruturação do setor público.

O modelo societal de gestão pública

As críticas apresentadas às propostas gerencialistas de reforma do Estado não devem ser interpretadas como uma negação da importância de que sejam buscadas novas formas de organização da administração pública. Com certeza, o aprimoramento da gestão pública é essencial, principalmente em um país como o Brasil, com tão grandes desafios sociais, políticos e econômicos, que só poderão ser superados com uma ação mais efetiva do Estado. O chamado modelo societal pode representar uma interessante alternativa ao modelo gerencial, este marcado pela apropriação da lógica privada que se mostra, como discutido aqui, questionável.

Fernando Tenório destaca, no prefácio da obra *Por uma nova gestão pública*, de Ana Paula Paes de Paula (2005), que a vertente gerencial adota a gestão estratégica, a qual incorpora uma percepção monológica da gestão, entendendo que essa deve ser baseada nas relações produtivas pautadas pelo econômico-financeiro. Em oposição a essa abordagem, a vertente societal incorpora a intersubjetividade das relações sociais, de uma gestão social dialógica, na qual se destaca a dimensão sociopolítica do processo de tomada de decisão.

> **ANA PAULA PAES DE PAULA**
>
> Professora adjunta e pesquisadora do Centro de Pós-Graduação e Pesquisa em Administração da Universidade Federal de Minas Gearis (Cepead/UFMG), subcoordenadora do Núcleo de Estudos de Gestão Pública e do Núcleo de Estudos Organizacionais e Sociedade.
> Bacharel em administração de empresas pela Universidade de São Paulo, mestre em administração pública e governo pela Fundação Getulio Vargas, doutora em ciências sociais pela Universidade Estadual de Campinas e PhD pela Fundação Getulio Vargas.
> Publicou *Teoria crítica nas organizações* e *Por uma nova gestão pública: limites e potencialidades da experiência contemporânea*, entre outros livros e artigos.

Paula (2005) destaca as diferentes dimensões fundamentais que devem permanecer equilibradas para a construção de uma gestão pública democrática: econômico-financeira, institucional-administrativa (organização e articulação dos órgãos do aparato estatal) e sociopolítica (relações entre o Estado e a sociedade, envolvendo os direitos dos cidadãos e sua participação na gestão pública). Trata-se, como se vê, de uma abordagem mais ampla e democrática. A autora também destaca que, uma vez que a administração de empresas assumiu uma posição hegemônica na produção do conhecimento administrativo, a administração pública vem se mantendo subordinada a seus princípios e recomendações. Como a prioridade da administração privada é a geração de resultados, a democratização e o interesse público acabam perdendo espaço para a eficiência técnica no setor público. Não que sejam esses valores (interesse público e eficiência) intrinsecamente opostos, mas dependendo da forma como forem conduzidos os esforços de reforma do setor público, a busca de eficiência e racionalidade pode gerar uma série de graves problemas e distorções.

> **COMENTÁRIO**
>
> Deve-se desenvolver uma reflexão crítica à ideia subjacente ao conceito de eficiência, a racionalidade. Essa é uma das expressões mais largamente empregadas nas propostas de APG. Em uma visão simplista, a racionalidade possui uma conotação inquestionável e necessária. Seu oposto seria a irracionalidade, o desperdício, ocorrências indesejáveis de qualquer ponto de vista. É preciso que se pergunte, no entanto, a qual tipo de racionalidade as propostas em questão se referem.

Com base nos diferentes níveis de racionalidade distinguidos por Jürgen Habermas, Tenório (2002) denuncia que a tão propalada flexibilização organizacional costuma ancorar-se apenas nas racionalidades tecnológicas específicas, vinculadas à solução de problemas, e na seleção de ações apropriadas, a partir do ponto de vista estritamente técnico. Habermas denuncia que todo conhecimento é posto em movimento por interesses que o orientam, dirigem-no, comandam-no. É neles e não na suposta imparcialidade do chamado método científico que a pretensão pela universalidade do saber pode ser avaliada [Habermas, 1982 apud Tenório, 2002:54].

Se no campo da gestão privada tal situação configura-se claramente em um desvio, com a modernização administrativa transformando-se em um instrumento ideológico de fortalecimento de relações de dominação, sua incorporação no campo da gestão pública torna-se ainda mais problemática.

JÜRGEN HABERMAS

Estudioso da segunda geração da escola de Frankfurt – grupo de filósofos, críticos culturais e cientistas sociais associados com o Instituto de Pesquisa Social, fundado em Frankfurt, em 1929. Horkheimer, Adorno, Marcuse, Fromm e Habermas são figuras comumente associadas à escola.

Habermas foi aluno de Adorno e tornou-se seu assistente em 1956. Ensinou filosofia primeiro em Heidelberg, e depois tornou-se professor de filosofia e de sociologia na Universidade de Frankfurt.

Em 1972, mudou-se para o Instituto Max-Planck, em Starnberg, mas em meados de 1980 retornou para seu posto de professor em Frankfurt.

Paula (2005) enfatiza que, surgida em uma época em que a sociedade começou a requisitar o espaço tomado pelo Estado na gestão do interesse público, a nova administração pública, outro nome da APG, absorveu a seu modo um discurso que enfatiza a democracia e a participação, ou seja, a dimensão sociopolítica da gestão. Na verdade, porém, suas propostas mantêm a dicotomia entre a política e a administração, aderindo a uma dinâmica administrativa que reproduz a lógica centralizadora das relações de poder e restringe o acesso do cidadão ao processo decisório.

A transferência de serviços para a iniciativa privada, que representa uma das propostas da APG, está embasada na pretensa vantagem de estimular a ação racional e maximizadora, mas não resolve a assimetria entre o principal e o agente. Por isso, seria necessária a adoção de instrumentos de regulação, fiscalização e controle que garantam a transparência e a distribuição das informações. A despeito de tais instrumentos também serem valorizados nas propostas da APG, a própria lógica na qual tais propostas estão estruturadas não favorece seu efetivo funcionamento. A administração pública societal, defendida pela autora, contrapõe-se à gestão estratégica na medida em que tenta substituir a gestão tecno-burocrática, monológica, por um gerenciamento mais participativo, dialógico, no qual o processo decisório é exercido por meio de diferentes sujeitos sociais [Tenório, 2002 apud Paula, 2005].

Na perspectiva societal, a gestão é entendida como uma ação política deliberativa, na qual o indivíduo participa decidindo seu destino como pessoa, eleitor, colaborador ou consumidor. Sua autodeterminação se dá pela lógica da democracia e não pela lógica do mercado. Conforme destaca Paula (2005), concorrem nessa direção, entre outros, os fóruns temáticos, os conselhos gestores de políticas públicas e o orçamento participativo. O quadro 3 apresenta as principais características da administração pública societal, estabelecendo comparações com a proposta gerencial.

QUADRO 3: VARIÁVEIS OBSERVADAS NA COMPARAÇÃO DOS MODELOS

	Administração pública gerencial	Administração pública societal
Origem	Movimento internacional pela reforma do Estado que se iniciou nos anos 1980 e se baseia principalmente nos modelos inglês e estadunidense.	Movimentos sociais brasileiros que tiveram início nos anos 1960 e desdobramentos nas três décadas seguintes.
Projeto político	Enfatiza a eficiência administrativa e se baseia no ajuste estrutural, nas recomendações dos organismos multilaterais internacionais e no movimento gerencialista.	Enfatiza a participação social e procura estruturar um projeto político que repense o modelo de desenvolvimento brasileiro, a estrutura do aparelho de Estado e o paradigma de gestão.
Dimensões estruturais enfatizadas na gestão	Dimensões econômico-financeira e institucional-administrativa.	Dimensão sociopolítica.
Organização administrativa do aparelho do Estado	Separação entre as atividades exclusivas e não exclusivas do Estado nos três níveis governamentais.	Não há uma proposta para a organização do aparelho do Estado e enfatiza iniciativas locais de organização e gestão pública.
Abertura das instituições políticas à participação social	Participativa no nível do discurso, mas centralizadora no que se refere ao processo decisório, à organização das instituições políticas e à construção de canais de participação popular.	Participativa no nível das instituições, enfatizando a elaboração de estruturas e canais que viabilizem a participação popular.
Abordagem de gestão	Gerencialismo: enfatiza a adaptação das recomendações gerencialistas para o setor público.	Gestão social: enfatiza a elaboração de experiências de gestão focalizadas nas demandas do público-alvo, incluindo questões culturais e participativas.

Fonte: Paula (2005:175).

Conforme descrito no quadro comparativo, no lugar da ênfase na eficiência administrativa, típica do modelo gerencial e que precisa ser examinada com cuidado, conforme destacado, a abordagem societal privilegia o interesse social. Tal escolha não significa um desprezo pela eficiência, mas sim um questionamento sobre em que bases ela deve ser estabelecida. Conforme já destacado, a racionalidade, base da eficiência, não é um conceito absoluto, mas relativo. A busca da eficiência dissociada de uma discussão político-ideológica sobre a que propósitos tal eficiência está vinculada pode torná-la um instrumento de perpetuação de uma variada gama de injustiças e inadequações. Já em relação às dimensões estruturais enfatizadas, enquanto a abordagem gerencial privilegia as esferas econômico-financeira e institucional-administrativa, a societal contempla a dimensão sociopolítica. A incorporação dessa dimensão pode ser entendida como uma decorrência natural da origem da proposta de administração pública societal. Conforme destaca Paula (2005), a administração pública societal vincula-se à tradição de mobilização da sociedade brasileira, que pode ser percebida com clareza por diversos movimentos ao longo da história do país.

Na década de 1960, as reivindicações por reformas políticas, econômicas e sociais se fizeram presentes por meio de vários organismos e movimentos. Após o golpe militar de 1964, houve um período de repressão a tais movimentos e a seus líderes, mas logo surgiram novas lideranças e novas manifestações. A partir do final da década de 1970 e começo dos anos 1980, renasceu o movimento sindical e começaram a ganhar força as associações de moradores. Vieram, na sequência, vários movimentos sociais organizados e foram criadas inúmeras organizações não governamentais. A despeito das diversas distorções que podem ser percebidas no processo de expansão das ONGs, já destacadas, muitas dessas organizações desempenham um papel de grande importância como mecanismos de controle social, pressão e cobrança da sociedade sobre o governo. As distorções se concentram, principalmente, nas ONGs que passaram a se ocupar de funções típicas do Estado, conforme já realçamos.

> **GOLPE MILITAR DE 1964**
>
> Período da política brasileira em que os militares governaram o Brasil, caracterizado pela ditadura militar. Esta época vai de 1964 a 1985 e caracterizou-se pela falta de democracia, supressão de direitos constitucionais, censura, perseguição política e repressão àqueles que se opunham ao regime militar.

> **COMENTÁRIO**
>
> No período dos governos militares, houve um notável predomínio da lógica tecnocrática. Tal abordagem caracteriza-se pela tentativa do estabelecimento de uma pretensa neutralidade técnica como base das decisões governamentais, alijando-se das mesmas a discussão de caráter político-ideológico. Nota-se aí uma clara distinção entre os dois modelos de gestão pública aqui comparados: o gerencial, fundado na racionalidade instrumental, e o societal, que incorpora a dimensão sociopolítica.

Em relação à organização administrativa do aparelho do Estado, o quadro apresentado destaca que a abordagem gerencial enfatiza a separação entre atividades exclusivas e não exclusivas do Estado. Essa proposta, defendida por Bresser-Pereira e outros articuladores da reforma administrativa conduzida na década de 1990, serviu de base para diversos movimentos de precarização das condições de trabalho de servidores e terceirização das funções do Estado. Na abordagem societal, em lugar de buscar-se um melhor desempenho na execução das atividades estatais por meio de sua delegação a terceiros, é proposta a valorização de iniciativas locais. Mesmo na década de 1990, quando predominou no governo a visão gerencial, houve importantes ações nesse sentido, como a instituição de fóruns temáticos para discutir questões de interesse público, os orçamentos participativos e os conselhos gestores de políticas públicas. Já no que diz respeito à abertura das instituições políticas à participação social, o quadro destaca claramente a distinção entre as abordagens gerencial e societal. Enquanto na primeira tal participação é restrita e controlada de forma centralizada, a proposta societal contempla a efetiva viabilização de canais de participação popular. Conforme realça Paula (2005), os direitos dos cidadãos e sua participação na gestão pública são vistos como um elemento fundamental na relação entre o Estado e a sociedade.

Em relação à abordagem de gestão utilizada, o modelo gerencial enfatiza a apropriação das recomendações gerencialistas para o setor público. Tais recomendações caracterizam-se por uma série de métodos e modismos que se espalham na gestão privada e que não têm compromissos com nada além da geração de lucratividade, ainda que à custa da adoção de medidas contrárias aos interesses dos colaboradores e da sociedade como um todo. Englobam, ainda, pretensas fórmulas de sucesso corporativo que têm sido adotadas em muitas organizações privadas. As inconsistências e contradições do gerencialismo estão bem-retratadas nas obras *Abaixo o pop management*, de Thomaz Wood Jr. (2003), e *Flexibilização organizacional: mito ou realidade?*, de Fernando Tenório (2002).

O modelo societal, por sua vez, dá ênfase ao desenvolvimento de experiências de gestão formatadas mais especificamente para os públicos a que se destinam, focadas na participação e incluindo questões de caráter cultural. Paula (2005) destaca que a abordagem societal ainda está em processo de delimitação e consolidação de propostas. Seus estudos procuram elaborar um projeto de desenvolvimento capaz de atender aos interesses da sociedade. Busca a construção de instituições e políticas efetivamente abertas à participação e direcionadas para as necessidades dos cidadãos. No entanto, ainda não existe uma elaboração clara a respeito de que sistemáticas alternativas de gestão podem viabilizar a implementação das ideias defendidas de forma mais ampla. Falta, ainda, clareza de como podem ser integradas na prática as dimensões econômico-financeira, institucional-administrativa e sociopolítica da gestão.

Desafios para o setor público brasileiro

Cabe o desenvolvimento de algumas considerações sobre os desafios que precisam ser enfrentados pelos gestores públicos. Uma nova concepção de arquitetura organizacional, que conjugue diferentes modelos de estrutura e contribua para o aumento de desempenho do setor público, implica mudanças importantes com relação à situação atual, no contexto brasileiro, que podem ser abordadas em dois grupos de desafios: os decorrentes do cenário internacional e os que são inerentes à realidade do contexto governamental.

No cenário internacional há transformações significativas acontecendo em função dos efeitos da globalização, da crescente diversidade de comportamentos da sociedade, das exigências quanto à transparência das informações e dos critérios das decisões, do desenvolvimento e uso intensivo de tecnologia. Esse cenário exige do setor público ação para a mudança quanto à preparação de seus quadros, para que atuem de maneira crítica e competente.

Trosa (2001:36), analisando o contexto francês, argumenta que os desafios do setor público em face da revolução no cenário internacional se referem a:

- mundialização apoiada em tecnologia;
- o papel diferente do usuário e sua implicação sobre o interesse geral;
- a concorrência dos grupos de pressão e da sociedade civil;
- a necessidade crescente de transparência e de prestação de contas;
- a vontade dos colaboradores de dispor de meios para realizar suas missões;
- a diversidade dos modos de fazer, numa sociedade descentralizada.

Dessa forma, um novo modelo de estrutura organizacional para o setor público assume uma perspectiva aberta, que integre várias dimensões de desenvolvimento e permita estabelecer e medir resultados.

Na realidade atual, a arquitetura organizacional no setor público, apesar de ter passado ao longo dos anos por várias tentativas de reforma, se mantém fragmentada em seus processos críticos, centralizados e burocratizados. As limitações de coordenação e comunicação impedem que a informação seja disseminada. As ações são localizadas e padronizadas, não consideram as especificidades locais. Em um país de grande dimensão e diversidades, a ação governamental necessita de um conjunto de estruturas capazes de produzir resultados diferenciados. Assim, os desafios para o setor público na adoção desse conjunto estrutural apontam para:

- a utilização de tecnologia para reduzir tarefas mecânicas e simplificar processos, atingir locais inacessíveis, dar transparência às ações empreendidas e ao uso dos recursos públicos;
- o incentivo e preparação dos colaboradores para a atuação em rede e, com isso, descobrirem um mundo externo e com lógicas diferentes;
- a inovação na organização interna aos serviços, voltada para o atendimento ao público – escutar e selecionar o processo necessário para o atendimento;
- o trabalho em equipe mista – governo e iniciativa privada, áreas do governo em conjunto – e o desenvolvimento de equipes multifuncionais na estrutura hierárquica existente;
- a criação de processos que estabeleçam o relacionamento com grupos de interesse e com a sociedade civil;
- o estabelecimento da capacidade de prestar contas – resultados e níveis de serviço;
- a formação de processos de apoio à iniciativa dos colaboradores, produzindo segurança e legitimidade da ação e da adequação das normas;
- a descentralização de áreas, de recursos financeiros e de pessoas, bem como a comunicação entre as áreas descentralizadas. Para Trosa (2001:54), a descentralização exige novas competências que transformem a estrutura em grupos de colaboradores móveis, que dominem os processos e relacionamentos, que escutem, que conheçam os mercados, que sejam capazes de negociar contratos, que saibam ter adversários e parceiros qualificados, que gerem ambiguidades e que sejam multiculturais;
- recuperar e ampliar o conceito de terceirização, desvalorizado na realidade atual. A terceirização exige critério, como já foi dito, além da especificação de processo de gestão de contratos e o estudo profundo sobre o papel organizacional.

A relevância das mudanças organizacionais é proporcional às dificuldades e resistências que poderão surgir ao longo dos processos de mudança. Vários fatores podem contribuir para o insucesso nos processos de implementação de modelos de gestão e um deles é a falta de visão, por parte dos gestores, do reducionismo, que é inerente a qualquer esforço nesse sentido. Por mais abrangente que pretenda ser, um modelo de gestão não consegue dar conta de todo o complexo universo de variáveis que compõem a organização. Em segundo lugar, a concepção de modelos bastante abrangentes e que, por isso mesmo, integram o maior número possível de variáveis, não direciona nem garante a transformação organizacional, por ser incapaz de dar conta da subjetividade humana e de valores individuais. A questão do poder emerge também como maior entrave a qualquer tentativa de implementação de modelos de gestão, caso não se lide com essa questão de maneira objetiva, transparente e sem subterfúgios.

A natureza e o cerne dos modelos de gestão encontram-se na sua dimensão político-ideológica. Assim, as teorias da modelagem organizacional, ao considerarem em seus modelos as características sociotécnicas, reduzem a questão por deixar de enfatizar o mais relevante: o enfoque sociopolítico ideológico. O sucesso das mudanças que os gestores precisam buscar em suas organizações depende, entre outros fatores, da adoção de uma política de gestão de pessoas adequada aos novos modelos de gestão. A superação das limitações apontadas nos estudos administrativos mais tradicionais e a incorporação de ideias propostas pelas abordagens inovadoras estão relacionadas à forma como a organização percebe as pessoas que nela trabalham.

Estar ciente das dificuldades que precisam ser enfrentadas leva o gestor a mais facilmente superá-las, desde que adquira a consciência de que os modelos e práticas de gestão não surgem por geração espontânea. São criados por pessoas, que podem, portanto, aperfeiçoá-los, se tiverem abertura mental e coragem suficiente para tanto. As organizações serão, no futuro, aquilo que se construir hoje, seja com a passividade, seja com o compromisso com a renovação e a mudança.

Bibliografia

ARMSTRONG, David. *A gerência através de histórias*: um novo método de liderança através da narrativa de casos. Rio de Janeiro: Campus, 1994.

BAUER, Ruben. *Gestão da mudança*: caos e complexidade nas organizações. São Paulo: Atlas, 1999.

BLAU, Peter M.; SCOTT, W. Richard. *Organizações formais*. São Paulo: Atlas, 1972.

BRASIL. Governo Federal. Portal da trasnparência. <http://www.portaldatransparencia.gov.br/>. Acesso em:

BRESSER-PEREIRA, Luiz Carlos. *Administração pública gerencial:* estratégia e estrutura para um novo Estado (Texto para discussão – texto 9). Brasília: Fundação Escola Nacional de Administração Pública, 1998.

CARAVANTES, Geraldo R. *Administração:* teoria e processo. São Paulo: Prentice Hall, 2005.

CARDOSO, Fernando Henrique. Reforma do Estado. In: BRESSER-PEREIRA, Luiz Carlos; SPINK, Peter (Org.). *Reforma do Estado e administração pública gerencial*. Rio de Janeiro: Fundação Getulio Vargas, 1998. p. 15-19.

CLUTTERBUCK, David; CRAINER, Stuart. *Grande administradores:* homens e mulheres que mudaram o mundo dos negócios. Rio de Janeiro: Zahar, 1993.

COASE, R. H. The nature of the firme. *Economica*, New Series, v. 4, n. 16, p. 386-405, nov., 1937). Disponível em: http://www.tfasinternational.org/aipe/academics/morriss2012/thenatureofthefirm.pdf. Acesso em: 2 dez. 2010.

DOMINGUES, José Maurício. *A sociologia de Talcott Parsons*. Niterói: Eduff, 2001.

DRUCKER, Peter. *Administração de organizações sem fins lucrativos*: princípios e práticas. 2. ed. São Paulo: Pioneira, 1994.

ETZIONI, Amitai. *Organizações modernas*. São Paulo: Pioneira, 1984.

FAYOL, Henri. *Administração industrial e geral*. 10. ed. São Paulo: Atlas, 1994.

FERLIE, Ewan; ASBURNER, Lynn; FITZGERALD, Louise; PETTIGREW, Andrew. *A nova administração pública em ação*. Brasília: UnB-Enao, 1999.

FERNANDEZ, Simone Peleteiro. *O significado de projetos de capacitação profissional desenvolvidos por ONGs em parceria com o Estado:* entre a afirmação e a negação da cidadania. 2000. Dissertação (Mestrado em Serviço Social) – PUC, Rio de Janeiro.

FERREIRA, Victor Cláudio Paradela. *ONGs no Brasil*: um estudo sobre suas características e fatores que têm induzido seu crescimento. 2005. 228 p. Tese (Doutorado em

Administração) — Escola Brasileira de Administração Pública e de Empresas, Fundação Getulio Vargas, Rio de Janeiro. FERREIRA, Victor Cláudio Paradela et al. *Modelos de gestão.* 3. ed. Rio de Janeiro: FGV, 2009.

GALBRAITH, Jay R. *Designing organizations*: an executive guide to strategy, structure and process revised. Hardcover, 2001.

_____; LAWLER III, Edward E. *Organizando para competir no futuro*: estratégia para gerenciar o futuro das organizações. São Paulo: Makron Books, 1995.

GONÇALVES, José Ernesto. As empresas são grandes coleções de processos. *Revista de Administração de Empresas (RAE)*, São Paulo, Fundação Getulio Vargas, v. 40, n. 1, p. 6-19, jan./mar. 2000.

HAMMER, M; CHAMPY, J. *Reengenharia*: revolucionando a empresa em função dos clientes, da concorrência e das grandes mudanças da gerência. Rio de Janeiro: Campus, 1993.

JENKIS, Kate. A reforma do serviço público no Reino Unido. In: BRESSER-PEREIRA, Luiz Carlos; SPINK, Peter (Org.). *Reforma do Estado e administração pública gerencial.* Rio de Janeiro: Fundação Getulio Vargas, 1998. p. 201-214.

JURAN, M. *Planejamento para a qualidade.* São Paulo: Pioneira, 1992.

KAPLAN, Robert; NORTON, David. *A estratégia em ação*: balanced scorecard. 8. ed. Rio de Janeiro: Campus, 1997.

KATZ, Daniel; KAHN, Robert. *Psicologia social das organizações.* São Paulo: Atlas, 1992.

KETTL, Donald F. A revolução global: uma reforma da administração do setor público. In: BRESSER-PEREIRA, Luiz Carlos; SPINK, Peter (Org.). *Reforma do Estado e administração pública gerencial.* Rio de Janeiro: Fundação Getulio Vargas, 1998. p. 75-121.

KWASNICKA, Eunice Lacava. *Introdução à administração.* 5. ed. São Paulo: Atlas, 1995.

LIMA, Paulo Daniel Barreto. *A excelência em gestão pública.* Rio de Janeiro: Qualitymark, 2007.

LUCCI, Elian Alabi. *A era pós-industrial, a sociedade do conhecimento e a educação para o pensar.* Disponível em: <http://www.hottopos.com/vidlib7/e2.htm>. Acesso em: 2 abr. 2013.

MACEDO-SOARES, Diana de. *Práticas gerenciais de qualidade das empresas líderes do Brasil.* Rio de Janeiro: Qualitymark, 1996.

MATIAS-PEREIRA, José. *Curso de administração pública*: foco nas instituições e ações governamentais. São Paulo: Atlas, 2008.

MAXIMIANO, Antônio César Amaru. *Teoria geral da administração:* da revolução urbana à revolução digital. São Paulo: Atlas, 2005.

MENESCAL, Andréa Koury. História e gênese das ONGs. In: GONÇALVES, Hebe Signorini (Org.). *ONGs: solução ou problema?.* São Paulo: Estação Liberdade, 1996.

MINTZBERG, Henry. *Criando organizações eficazes*: estruturas em cinco configurações. São Paulo: Atlas, 1995.

MONTAÑO, C. Das "lógicas do Estado" às "lógicas da sociedade civil". Estado e terceiro setor em questão. *Revista Serviço Social e Sociedade*. São Paulo, n. 59, 1999.

MORGAN, Gareth. *Imagens da organização*: edição executiva. 2. ed. São Paulo: Atlas, 2002.

MORIN, Edgar. *Complexidade e transdisciplinaridade*. Natal: EDUFRN, 1999.

MOTTA, Fernando C. Prestes. *Introdução à organização burocrática*. 2. ed. São Paulo: Thomson, 2004.

MOTTA, Paulo Roberto. Administração para o desenvolvimento: a disciplina em busca da relevância. *Revista de Administração Pública*, Rio de Janeiro, Fundação Getulio Vargas, v. 6, n. 3, p. 39-53, jul./set. 1972.

_____. *Gestão contemporânea*: a ciência e a arte de ser dirigente. 13. ed. Rio de Janeiro: Record, 2001.

NOGUEIRA, Marco Aurélio. *Um estado para a sociedade civil*: temas éticos e políticos da gestão democrática. 2. ed. São Paulo: Cortez, 2005.

ONORATI, Antônio. ONGs e a cooperação internacional: o mar de histórias ou o império do blá-blá-blá. In: Ibase-Pnud. *Desenvolvimento, cooperação internacional e as ONGs*. Rio de Janeiro: Ibase, 1992.

PAULA, Ana Paula Paes de. *Por uma nova gestão pública*: limites e possibilidades da experiência contemporânea. Rio de Janeiro: FGV, 2005.

PETRAGLIA, Izabel Cristina. *Edgar Morin*: a educação e a complexidade do ser e do saber. 3. ed. Petrópolis: Vozes, 1999.

PINCHOT, Gifford; PINCHOT, Elizabeth. *O poder das pessoas*. Rio de Janeiro: Campus, 1997.

PORTER, Michael. *Estratégia competitiva*: técnica para a análise de indústrias e da concorrência. Rio de Janeiro: Campus, 1991.

PRESSBURGER, Thomas Miguel. "ONGs e cidadania". In: GONÇALVES, Hebe Signorini (Org.). *ONGs*: solução ou problema? São Paulo: Estação Liberdade, 1996.

PRZEWORSKI, Adam. Sobre o desenho do Estado: uma perspectiva agent x principal. In: BRESSER-PEREIRA, Luiz Carlos; SPINK, Peter (Org.). *Reforma do Estado e administração pública gerencial*. Rio de Janeiro: Fundação Getulio Vargas, 1998. p. 39-73

ROBBINS, Stephen; COULTER, Mary. *Administração*. 5. ed. Rio de Janeiro: Prentice-Hall, 1998.

SCHEER, August-Wilhelm et al. *Business process excellence*: Aris in practice. Nova York: Springer, 2002.

SENGE, Peter. *A quinta disciplina*. São Paulo: Best Seller, 1998.

SILVA, Benedicto. *Taylor & Fayol*. 5. ed. Rio de Janeiro: FGV, 1987.

SOUZA, Agamêmnom Rocha; FERREIRA, Victor Cláudio Paradela. *Introdução à administração*: uma iniciação ao mundo das organizações. 7. ed. Rio de Janeiro: Pontal, 2006.

SOUZA, Herbert de. As ONGs na década de 90. In: Ibase-Pnud. *Desenvolvimento, cooperação internacional e as ONGs*. Rio de Janeiro: Ibase, 1992.

TACHIZAWA, Takeshy; FERREIRA, Victor Cláudio Paradela; FORTUNA, Antônio Alfredo Mello. *Gestão com pessoas*: uma abordagem aplicada à estratégia de negócios. 5. ed. Rio de Janeiro: FGV, 2006.

_____; SCAICO, Oswaldo. *Organização flexível*. São Paulo: Atlas, 1997.

TAYLOR, Frederick Winslow. Princípios de administração científica. 8ª ed. São Paulo: Atlas, 1995.

TENÓRIO, Fernando Guilherme. *Flexibilização organizacional*: mito ou realidade? 2. ed. Rio de Janeiro: FGV, 2002.

TOFFLER, Alvin. *A empresa flexível*. 3. ed. Rio de Janeiro: Record, 1985.

TRATENBERG, Maurício. *Administração, poder e ideologia*. 3. ed. São Paulo: Unesp, 2005.

_____. O paraíso da burocracia. Entrevista a Maria Carneiro da Cunha. *Revista Espaço Acadêmico*, ano III, n. 26, jul. 2003. Disponível em: <http://www.espacoacademico.com.br>. Acesso em: 2 dez. 2011.

TROSA, Sylvie. *Gestão pública por resultado*: quando o Estado se compromete. Rio Janeiro: Revan, 2001.

VERGARA, Sylvia Constant. *Gestão de pessoas*. 6. ed. São Paulo: Atlas, 2007.

VILLALOBOS, Jorge Guerra; ZALDIVAR, Victor Bretón. *ONGs:* um passo a frente e dois para trás. Maringá: Universidade Estadual de Maringá, 2001.

WEBER, Max. *A ética protestante e o espírito do capitalismo*. São Paulo: M. Claret, 2006.

WILLIAMSON, Oliver E. *The nature of the firme:* origins, evolution and development. Nova York: Oxford University Press, 1981. Disponível em: http://books.google.com.br/books?hl=pt-BR&lr=&id=VXIDgGjLHVgC&oi=fnd&pg=PR9&dq=the+nature+of+the+firm+coase+1937&ots=RGb0slkOv1&sig=9Eog_l_yRVKKRRKRK0dMi6KTPaU#v=onepage&q=the%20nature%20of%20the%20firm%20coase%201937&f=false. Acesso em 2 dez. 2010.

WOOD Jr., Thomaz. *Abaixo o pop management!* São Paulo: Negócio, 2003.

Sobre os autores

Victor Paradela é doutor em administração e mestre em administração pública pela Escola Brasileira de Administração Pública e de Empresas (Ebape), da Fundação Getulio Vargas. É graduado em administração, com especialização em formação de recursos humanos para o ensino a distância. Possui experiência profissional e acadêmica no campo da administração, tendo atuado como empresário, diretor, gerente, analista, consultor e professor nas áreas de administração, gestão de recursos humanos e desenvolvimento gerencial em organizações privadas e na administração pública direta e indireta. Atua como professor em cursos da FGV desde 1992. Publicou quatro livros, além de diversos artigos em periódicos acadêmicos e científicos. É professor da Faculdade de Administração e Ciências Contábeis da Universidade Federal de Juiz de Fora (FACC/UFJF).

Marília Maragão Costa é doutora em engenharia de produção pela Universidade Federal do Rio de Janeiro (UFRJ), mestre em administração pública pela Fundação Getulio Vargas e graduada em administração de empresas pela UFRJ. É professora da FGV nos cursos de educação continuada e consultora de empresas, nos setores público e privado, em modernização organizacional e gestão por processos de trabalho. Possui trabalhos realizados em instituições públicas, nas três esferas governamentais e agências reguladoras, e em diversos setores da iniciativa privada tais como, indústria gráfica e farmacêutica, financeiro, telecomunicações, energia elétrica, previdência e seguros, navegação e saúde.

Esta obra foi produzida nas
oficinas da Imos Gráfica e Editora na
cidade do Rio de Janeiro